# 子平粹言

제1권

국립중앙도서관 출판예정도서목록(CIP)
子平粹言 / 저자 : 서락오 ; 번역: 김학목, 이진훈, 김규승, 오청식.
-- [서울] : 어은, 2015
226p. ; 1.1cm

ISBN 979-11-955408-0-8 94180 : ₩18,000
ISBN 979-11-955408-1-5 (세트) 97180
명리학[命理學]
118.5-KDC6
133.3-DDC23                    CIP2015018772

# 子平粹言

## 제1권

東海 서락오 지음
김학목 | 이진훈 | 김규승 | 오청식 옮김

도서출판 **어은**

::저자 소개::

東海 서락오徐樂吾

민국民國 초년의 대표적인 명리학자로 음력 1886년 4월 6일에 출생하여 1948년에 63세로 사망하였다. 그의 저술로는 『자평진전평주子平眞詮評註』, 『적천수징의滴天髓徵義』, 『적천수보주滴天髓補註』, 궁통보감평주『窮通寶鑑評註』, 『조화원약평주造化元鑰評註』 등으로 명리학의 고전을 정리한 것이 있고, 또 고금의 유명한 인물들의 사주를 풀이한 『고금명인명감古今名人命鑑』과 명리학의 연원을 설명한 『명리심원命理尋原』과 처음 명리를 배우는 자들을 위한 『명리입문命理入門』 등이 있다. 그의 대표적 저서는 이 모든 것이 종합·정리된 『자평수언子平粹言』이다.

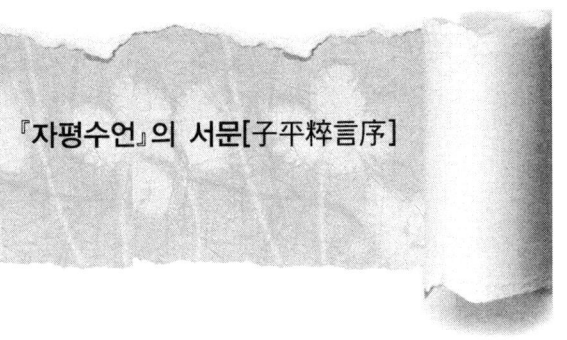

# 『자평수언』의 서문[子平粹言序]

余久不執筆屬文, 老友徐子樂吾持所著子平粹言來屬序於余. 蓋以數年來, 同棲海濱, 朝夕相聚, 每見輒互以命理相切嗟, 反覆辯難, 恆至宵分晷移而不覺. 富貴窮通, 有天末浮雲之感, 雖不能樂天知命, 而中懷蕭曠, 超然于塵溘之表.

나는 오랫동안 글을 쓰지 않았는데 내 친구 서락오가 자신이 지은 『자평수언』을 가지고 와서 나에게 「서문」을 부탁했다. 몇 년 동안 바닷가에서 함께 살면서 아침저녁으로 서로 만났고 그때마다 명리命理로 서로 절차탁마하고 반복해서 논박하고 질문하다가 항상 밤이 깊어지는 것을 알지 못했다. 부유함과 귀함, 곤궁과 출세가 먼 하늘 끝에 바람 따라 흘러가는 구름과 같은 느낌이니, 비록 천명을 기꺼이 알 수는 없을지라도 마음을 비우고 속세에 구애되지 않았다.

吾二人固別有會心, 實不足爲外人道也. 余性尤疎嬾, 不受羈勒, 讀書不求甚解, 略知大意而已. 樂吾則沈潛好深思, 終日手不停批抵輒忘寢饋, 十年以來, 所撰述之命理書籍甚夥. 均已先後刊印行世, 網羅放失, 補缺拾遺, 有功於斯道, 誠非淺鮮.

우리 두 사람은 유달리 깨친 것이 있었지만 실로 바깥사람들에게 말할 정도는 되지 못하였다. 내 성격은 더욱 거칠고 게으르며 구속을 당하지 않아 책을 읽어도 깊이 이해하지 않고 대충 큰 뜻만 아는 정도이다. 그런데 서락오는 푹 빠져 깊이 생각하는 것을 좋아하여 종일토록 손에 책을 놓지 않고 침식을 잊을 정도여서 10년 이래로 찬술한 명리서적이 매우 많다. 모두 앞뒤로 간행하여 세상에 내놓으면서 망실된 것을 망라하고, 빠뜨린 것을 보충하였으니, 명리학에 공이 있는 것이 실로 적지 않다.

今又以斯編行世, 薈萃各家精義, 作一有系統之編述. 由淺入深, 秩序井然, 綱擧目張. 有條不紊. 俾後之學者, 以津梁寶符, 不致有歧路亡羊之惑, 其功可謂偉矣. 余每嘆世之談命理者, 非失之膚淺, 卽失之穿鑿.

지금 또 이 책을 세상에 내놓으면서도 여러 학자들의 정밀한 뜻을 모아 체계적으로 저술하였다. 얕은 곳에서 깊은 곳으로 들어감에 질서정연하고, 강목綱目이 드러나고 펼쳐짐에 조리가 있고 문란하지 않다. 그리하여 후세의 학자들이 안내와 증거를 가지고 갈림길에서 양을 잃어버리는 잘못을 저지르지 않게 했으니 그 공이 크다고 평가해야 한다. 내가 매번 세상에서 명리를 말하는 자들에게 탄식했던 것은 겉만 얕게 훑는 데에 잘못이 있기 때문이 아니라 천착하는 데에 잘못이 있기 때문이다.

樂吾披荊斬棘, 獨往獨來, 康莊日闢, 彼岸可登, 其苦心孤詣, 非庸流所可企. 嗟乎, 士生斯世, 破國亡家, 決頸短脰, 其遭遇之慘痛, 爲有史以來所罕遘. 然冥冥之中, 若有數存焉, 欲窮其數, 則命學之于今日, 誠一堪研究之學術, 則斯編之出, 實可應時代之要求者矣. 用贅數言, 以當喤引云爾.

그런데 서락오는 가시밭길을 헤치고 나가 혼자서 왕래하며 사통팔달의 큰 길을 날마다 열어 저 암벽에 올라 갈 수 있었으니, 그가 고심하며 혼자 이른 경지는 범인들이 바라볼 수 있는 것이 아니다. 아! 선비가 세상에 태어났는데 국가가 망하여 목이 잘리니, 그들이 겪는 비통함은 유사 이래로 드물다. 그러나 아득히 망망한 가운데 수(數)가 있는 것 같아 그 수를 궁리하려고 하면, 명리학은 오늘날 진실로 한 번 연구할 만한 학술이니, 이 책이 나옴으로 실로 시대적 요구에 부응할 수 있을 것이다. 쓸데없이 몇 마디를 시끄럽게 가져와서 말했을 뿐이다.

民國念七年淸明日, 桐城方重審, 序於海上之小忘憂館.
민국 7년 청명일에 동성桐城 방중심方重審이 짧게나마 근심을 잊고 있는 바닷가 객사에서 서문을 쓰다.

## 자서[自序]

我國星相卜筮之術, 皆始於易. 易之體爲儒術, 而其用則在奇門, 散爲星相卜筮, 皆奇門之一枝一節. 星命者, 摘取奇門中星象之關於人事者, 演繹而成, 故非精於推步者, 不能言命.

중국의 성명상술星命相術과 복서卜筮의 술수는 모두 『역』으로부터 시작되었다. 역의 본체는 유가의 학술인데 그 쓰임이 기문奇門에서 성명상술과 복서로 흩어졌으니, 모두 기문의 한 줄기와 한 절이다. 성명星命이란 기문 가운데에서 별자리가 인간의 일과 관련된 것을 가려 뽑아 연역하여 이루어진 것이기 때문에 추보推步1)에 정통하지 않으면 명命을 말할 수가 없다.

迨唐李虛中, 以年月日時五行盛衰生死論祿命, 始與推步分而爲二. 然納音神煞未離星法, 格局名詞, 猶仍舊貫. (詳下古法論命) 自五代徐子平, 乃盡革之, 專從氣化立論, 以日爲主, 屛棄神煞納音, 而以五行生

---

1) 추보推步: 별자리와 책력을 추산하는 것이다. 옛 사람들은 해와 달이 하늘에서 회전하는 것이 사람의 행보와 같으니, 추산하여 알 수 있다고 생각했다.

尅爲論理根據, 乃命理之一大轉變. 及後徐道洪輩繼起, 代有發明, 蔚然成一家言.

당나라의 이허중(李虛中)에 와서야 연年·월월·일日·시時와 오행五行의 성盛·쇠衰와 생生·사死로 '사람의 타고난 운명[祿命]'을 논하니, 비로소 추보推步와 나뉘어져 둘이 되었다. 그러나 납음納音과 신살神煞은 성명법星命法에서 분리되지 않았고, 격국格局의 이름은 여전히 그대로였다. (아래 옛날의 명을 논하는 법에서 자세히 설명함.) 오대五代[2)]의 서자평徐子平이 모두 바꾸어 오로지 기의 변화로 입론하여 날日을 위주로 하면서부터 신살과 납음을 모두 버리고 오행의 상생상극을 논리의 근거로 하니, 그제야 명리학을 한 번 크게 변혁하였다. 후에 서도홍徐道洪 등이 일어나 대를 이어 밝힘으로써 성대하게 한 학파의 학설을 이루었다.

後之人宗法子平, 而又不明神煞之用. 拾星家之糟粕, 以眩流俗. 於是, 信之者, 目爲神祕, 不信者, 嗤爲迷信. 究之子平學理, 曷嘗有絲毫神祕迷信之意味, 存乎其間哉. 專門學術, 非流浴所能解. 而從來談命之書, 星平雜糅, 初學之士, 難分涇渭, 歧路多端, 是誠不能免也, 嘻奇門遠矣.

후대 사람들은 자평子平을 종법으로 삼아 또 신살神煞의 쓰임에

---

2) 오대:五代. 중국中國의 동진東晉이 망한 뒤부터 당唐 나라 이전以前까지의 198년 동안에 번갈아 가며 흥망興亡한 다섯 왕조王朝.

밝지 못하였으니, 성명가들의 조잡한 것들을 모아 속세를 현혹하였다. 이에 믿는 자들은 신비하게 보았고, 믿지 않는 자들은 미신이라고 비웃었다. 자평의 명리를 탐구하는 데에 어찌 조금이라도 신비하고 미신적인 의미가 그 사이에 끼어들겠는가? 전문 학술은 세속이 이해할 수 있는 것이 아니고, 종래의 명을 논하는 책에는 성명과 자평이 뒤섞여 있어 처음 배우는 자들은 청탁을 구별하기 어려워 여러 가지로 헷갈리는 것을 실로 면할 수가 없으니, 아! 기문奇門까지는 갈 길이 멀다.

今之談星命者, 既不解淮步之術, 遵照成法, 依樣一膚. 而不知歲差所積, 日積月累, 已有毫釐千里之差. 況民國以來, 台曆絕版, (七政四餘時憲書) 推衍失其根據, 遑論星命餘緒之古法矣. 惟有子平之術, 專談氣化, 五運六氣, 人所共喩, 察人生之秉賦, 推一世之窮通. 貧富貴賤壽夭以及環境變幻, 咸見之於八箇字中. 雖不及奇門之精奧微妙, 而社會上千差萬別之人類, 胥不能出其範圍, 斯亦奇矣.

지금 성명星命을 논하는 자는 모두 추보推步의 술수를 이해하지 못하여 기존의 방법을 따라 모방하는 것이 천박하고, 세차歲差가 쌓여 해와 날에 누적되는 것을 알지 못해 벌써 털끝만한 차이가 천리처럼 변해 버렸다. 게다가 민국 이후로 태력台曆(칠성사여시헌서七政四餘時憲書)이 절판되어 미루어 부연하는 데에 근거가 없으니, 성명

星命과 관계된 옛 방법들을 무슨 말인지 알아들을 수 없게 설명한다. 자평의 술수만이 오로지 기의 변화를 논함에 오운육기五運六氣를 사람들이 함께 깨달아 인생의 선천적 자질[秉賦]을 살피고 한 세대의 곤궁과 출세를 추론하니, 빈부·귀천·요수와 환경변화를 모두 팔자 八字 가운데에서 알게 되었다. 기문의 정밀함과 미묘함에는 미치지 못하지만 사회에서 천차만별한 인간들이 모두 그 범위에서 벗어날 수 없으니, 이것이 또한 기이하다.

僕讀書無成, 壯不能用, 老而無聞, 病沒世而名不稱也. 爰不揣簡陋, 徧集命理術數之書, 撮取子平學說, 重爲編次. 三易寒暑, 屢更稿本, 方始成書. 名之曰子平粹言. 語雖異乎流俗, 義皆本於舊籍. 復以古法一編附於後, 以見淵源, 雖未敢儕於科學, 庶冀後之學者易於入門, 不爲歧路所惑. 或能精益求精, 發揚光大, 進而入於科學之林, 亦我國學術之光也. 是爲序.

내가 책을 읽고 성취한 것이 없어 장년에는 과거에 등용되지 못하였고 노년에는 명성이 없어 죽어서도 이름이 알려지지 않는 것에 가슴이 아팠다. 이에 미천함을 헤아리지 않고서 명리와 술수에 대한 책들을 두루 모아놓고는 주로 자평의 학설을 택해 거듭 순서대로 정리했다. 추위와 더위가 세 번 바뀌는 가운데 다시 원고를 고쳐 비로소 책을 만들고는 『자평수언』이라고 이름을 붙였다. 세상에서 쓰는 표현과 다를지라도 그 의미들은 모두 옛 서적에 뿌리를 둔 것이다. 다시 옛 방법 한 편을 뒤에 덧붙인 것은 그 연원을 드러냈으니, 비록 감히 과학의 배열에 끼지 못할지라도 후대에 배우는 자들이 쉽게 입문하고, 이상한 길로 빠지지 않기를 바란다. 혹 더 깊이 연마하고 광대하게 드러내 과학의 영역으로 나아가 들어간다면, 또한 우리나라 학술의 찬란함일 것이다. 이것으로 서문을 대신한다.

民國念七年歲次戊寅仲春, 東海徐樂吾序於海上寓次.
민국 7년 세차歲次 무인년戊寅年 중춘仲春에 동해東海 서락오徐樂吾가 바닷가 집에서 서문을 쓰다.

## 『자평수언』 재판본의 요점[子平粹言再版本提要]

제 1편[第一編]

地支十二宮爲命理之總樞. 天干之分陰分陽, 以及陰陽干性質之區別, 人元藏用之原理. 胥從十二宮出, 此理從來秘而不宣, 本書從是入手, 於第一編中, 詳細敍述, 一經道破, 確定不移. 入後論格局用神, 咸有標準可循, 自然胸有成竹. 十二宮即九宮, 九宮即後天入用之卦, 乃術數所宗, 不僅命理以是爲樞紐也.

지지地支 12궁이 명리命理의 모든 핵심이다 천간天干이 음과 양으로 분리되는 것과 음양간陰陽干 성질의 구별과 인원人元의 숨어있는 쓰임의 원리가 모두 12궁에서 나왔다. 이 이치는 종래에 비밀로 하여 공개하지 않았으나, 이 책은 여기에서부터 시작하여 제 1편에서 상세하게 서술하였는데, 일단 설파한 것은 확고부동하다. 시작한 다음 격국格局과 용신用神을 설명함에 모두 따를 수 있는 표준이 있는 것은 저절로 마음이 그렇게 되기 때문이다. 12궁은 곧 9궁이고, 9궁은 후천後天에서 쓰이는 괘로 술수術數의 근본이라서 명리命理에서 이것을 중요관건으로 삼는 것만은 아니다.

## 제 2편과 3편[第二三編]

會合刑冲爲變化所由生, 從來命理書, 祗列其訣, 不言其理, 偶有論者, 亦多穿鑿. 本書於二三兩編中, 詳述其所以然之理, 以及救應之法, 原原本本, 皆有根據. 明乎此則命造入手, 自不致目迷五色. 以上三編, 雖爲入門初步, 實爲命理之基本知識, 亦爲與別種命理書不同之點. 此而不明, 格局用神無從說起. 研習命理者, (不論已習未習) 若能仔細尋繹, 自不致誤入歧途, 勿以其淺而忽之

회합會合과 형충刑冲은 변화가 생겨나는 원인인데, 종래의 명리서는 단지 그 비결만 나열하고 그 원리를 설명하지 않았다. 우연히 논하는 자가 있었을지라도 대부분 억지로 끌어다 붙인 것이었다. 이 책의 2편과 3편에서 그 원리가 그렇게 된 까닭과 그것에 부응하는 방법을 자세히 설명한 것에는 처음부터 끝까지 모두 근거가 있다. 이것에 환하게 되면 명조命造를 시작해도 저절로 혼란하게 되지 않는다. 이상의 3편은 시작하는 첫 걸음이지만 실제로 명리의 기본지식이고 또한 다른 종류의 명리서와 다른 점이다. 이런 것인데 환하게 될 정도로 익히지 않으면, 격국格局과 용신用神을 설명할 길이 없다. (이미 익숙하든 말든 막론하고) 명리를 연구하는 자들은 자세히 되풀이 하면서 익히면 저절로 잘못된 길로 빠지지 않을 것이니, 그것이 어렵지 않다고 소홀히 해서는 안 된다.

## 제 4편[第四編]

今人咸知論命以用神爲樞, 而苦於用神之難取. 不知用從體出, 未知其體, 焉知其用. 體者, 格局也. 從來命理書, 格用不分, 所以混淆難辨. 本編先明其體, 從體立用, 了了清楚, 自有一定之標準可循, 爲本書之一大特色.

오늘날 사람들은 운명을 논함에 용신用神을 축으로 삼는다는 점을 모두 알지만 용신을 찾기 어려워 고심한다. 용신[用]은 몸체[體]에서 나온다는 점을 알지 못하고 그 몸체를 알지 못하는데 어떻게 그 용신을 알겠는가? 몸체는 격국格局이다. 종래의 명리서는 격국과 용신을 구분하지 않았기 때문에 섞여 있어 분별하기 어려웠다. 이 책에서는 먼저 그 몸체를 밝히고 몸체에 따라서 용신을 세움이 확실하고 분명하여 저절로 따를 수 있는 일정한 표준이 있으니, 이것이 본서의 가장 큰 특색이다.

論用章. 再版本加入十干選用法一卷, 以造化元鑰爲藍本. 摘其精義, 重爲敍述, 加以闡明, 多至四萬餘言, 千變萬化, 不能出其範圍, 爲全書精粹之所在.

용신을 논하는 장: 재판본에서는「10천간의 선용법」한 권을 넣었는데,『조화원약造化元鑰』이 그 저본이다. 그 정밀한 의미를 추려내어 거듭 서술하느라 4만 자 이상의 설명을 덧붙였는데, 천변만화가 그

범위를 벗어날 수 없으니, 이 책 전체의 핵심이 담긴 부분이다.

 從來命理書中, 格居多如牛毛, 本編提綱挈領, 加以整理. 若者爲正, 若者爲變, 並詳述其所以爲正爲變之理, 亦爲本書之新貢獻.
 종래의 명리서에서는 격국이 소털처럼 많지만 이 책에서는 강령을 제시하여 정리하였다. 어떤 것은 일정하고 어떤 것은 변하는데, 그렇게 되는 까닭을 함께 자세히 설명하였으니, 이것 또한 이 책의 새로운 공헌이다.

### 제 5편[第五編]

 格局高低爲人生富貴窮通分別之所在, 本編說明格局高低之看法, 同時將古來紛如亂絲之雜格, 分別歸納爲六大類而說明之. 更於格局之外, 詳論大運流年之看法, 以及胎元人元用事, 分野經緯, 均爲未經人道之創論, 與普通命理書不同.
 격국格局의 고저高低가 인생의 부유함과 귀함, 곤궁과 출세를 분별하는 소재이니, 여기에서는 격국의 고저를 구별하는 방법을 설명하는 동시에 옛날부터 실타래처럼 얽혀있는 잡격雜格을 6가지로 크게 분류하고 귀납하여 설명했다. 다시 격국 이외에 대운大運과 유년流年을 보는 방법과 태원인원胎元人元의 용사用事와 분야경위分野經緯를 상세하게 논했는데, 모두 사람들이 말하지 않은 독창적인 설명이라 일반 명리서와는 다르다.

제 6편[第六編]

　子平原於五星, 而古法論命, 爲子平與五星間之過渡. 讀此一編, 始知子平法中格局名稱之來源, 以及命理遞衍之陳跡, 一一有蛛絲馬跡可尋. 尤以財官食印等六神, 卽是五星中之天星, 爲從來不宣之祕. 今一一加以證明, 末附子平法與神煞一篇. 將多如牛毛之神煞, 爲提綱挈領之歸納, 與子平法融合爲一. 爲革新之前導, 泃談命理者, 劃時代之創作也.

　자평子平은 오성五星을 근본으로 하는데, 옛 법에서 명命을 논하는 것은 자평과 오성 사이의 과도기이다. 이 한 편을 읽으면 비로소 자평법 가운데 격국格局이 명명된 연원과 명리命理가 전해진 흔적을 알 수 있고, 하나하나 찾을 수 있는 실마리와 흔적이 있다. 게다가 재財·관官·식食·인印 등의 육신六神은 곧 오성 가운데 천성天星인데, 종래에는 공개하지 않았던 비밀이다. 이제 하나하나 증명하였고, 끝에「자평법과 신살」한 편을 덧붙였다. 소털처럼 많은 신살이 강령을 제시하는 귀납처로 자평법과 융합하여 하나로 조화를 이룬 것은 혁신적인 선도이고, 명리를 논하는 자들에게는 시대에 획을 긋는 창작이다.

**추천하는 말**

### 여흥의 씨앗

신명神明을 통한 위로가 시작되었다.

예술적 놀이를 통한 흥[樂]!
철학적 가설을 통한 황홀恍惚!
역학적 사유를 통한 사실事實!

그들은 특이성을 가지고 있다.

사람을 존중하기에 예술을 통하여 놀이하고, 놀이는 배려가 되어 사람들을 위로한다. 사람이 아프기에 철학적 가설을 통하여 황홀한 삶을 제시한다. 사실은 사람에 의하여 전하여왔고 전하여야 하니 역학적 사유를 통하여 자연이 부여한 삶을 인정하게 한다.

그들이 서로의 흥을 내어 놓는다.

한 자리에 모여 힘겨운 삶에 흥과 황홀 그리고 사실을 일러주고자 합일하였다. 자신을 위한 삶은 잠시 쉬어가자 하면서 사람을 위로할 신명을 내었다. 김학목 박사와 오청식 박사는 가설을 만들고 그들의 신명은 황홀을 내어놓는다. 김규승 선생은 예술놀이를 하면서 그의 신명은 흥을 내어놓는다. 이진훈 선생은 하늘과 경經을 번갈아 공경하면서 그의 신명은 사실을 내어놓는다.

그들은 이제부터 싹이다.

벼가 창고를 나와 볍씨가 되고 못자리에 도착하여 논에 갈 때까지 90일이 걸린다. 벼는 논에서 먼저 하늘을 우러러 본 후에 고개를 숙여 땅을 바라보고, 창고에 도착할 때까지 90일이 걸린다. 이제 그들은 논의 싹이다. 자신들을 만들고 사람을 위로하고자 나타난 논의 싹이 된 것이다. 머지않아 독자들의 창고를 가득 채울 것이고 밥상 위의 밥이 될 것이니 그들의 황홀과 흥과 사실을 맛있게 드시면 될 것이다.

Homo Ludens가 시작되었다.

2015 을미년 4월 계룡산 향선각에서
창광 김성태 두 손 모음

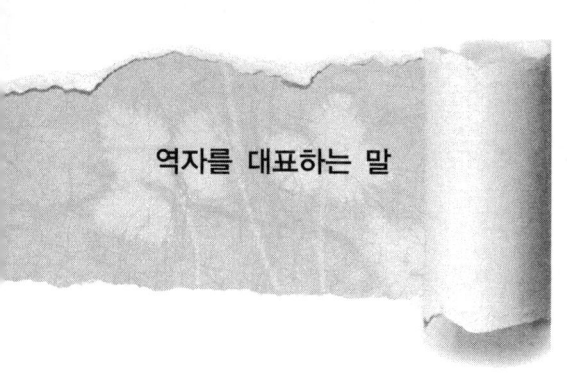

## 역자를 대표하는 말

　이 책은 우연이라면 우연이고 필연이라면 필연 때문에 번역되었다. 이 책의 역자들 둘은「한중철학회」회원으로 매주 금요일 동양철학 고전 강독 곧『주역전의대전』강독에 꼬박꼬박 참여하고 있다. 강독 후에 거의 매번 식사도 하고 술도 마시는 가운데 어은 김규승 선생이 역자의 말을 대표로 쓰는 본인 해송 김학목에게 '『자평수언』은 명리학의 3대보고 곧『자평진전』,『적천수』,『난강망』의 핵심을 집대성한 서락오 말년의 역작으로 정말 귀중한 책인데, 번역과 연구가 되지 않아 제대로 소개되지 않고 있으니 후학들을 위해서라도 그 일을 해보자'고 권했다. 어은 선생이 명리에 능해 그 방면에 밝은 나를 알아봤던 것이다. 그래서『자평수언』을 비롯하여 다른 명리고전의 번역은 물론 그 연구까지 하기 위해 둘보다는 다양한 전문가가 있는 것이 좋다는 판단 아래, 술수를 전공한 오청식 박사, 그리고 명리 현장에 오래 종사해온 이진훈 선생을 함께 합류시켜 작년 겨울 한국명리연구회를 결성해 번역을 먼저 시작했고, 올 4월에 연구와 강의 공간 및 출판을 위해 강남에는 2호선 선릉역과 역삼역의 중간 르네상스서울호텔 맞은편 역삼디오빌빌딩 2613호실을 얻었고, 연구와 강의 공간만을 위해 강북에는 운현궁 옆 인사동 건국빌딩 1호동 402호실을 얻었다.

직장이 청양에 있는 삼관 선생 외에 어은 선생과 해송 본인은 한중철학회가 있는 날에는 강독 후 오청식 박사와 합류해 번역의 방향과 용어 사용에 대해 서로 논의했다. 삼관 선생은 어린 시절부터 명리에 입문하여, 한문에 능숙하신 외숙과 함께 이미 대부분의 명리 원서를 모두 깊이 탐독했을 뿐만 아니라 실제로 수많은 사람들의 명조를 오래 동안 봐왔기 때문에 주로 전체적인 글의 맥락과 방향에 대해 한 달에 한 번 정도 서로 만나 조언하면서 번역에 참여했다. 프랑스에서 오랫동안 서양 철학과 영화를 공부한 어은 선생은 현대적인 감각에 밝아 시대의 추세에 맞게 번역하자고 제안했고 그것을 받아들여 가능한 옛 문투를 사용하지 않았다. 오청식 박사는 술수와 관련된 모든 것들의 여러 자료를 제시하여 번역에 큰 도움이 되었다. 해송 본인은 팀원들의 각 의견을 받아들여 전체의 번역을 통솔·지휘하면서 번역 후 이어질 연구 맥락과 방향을 짚어 나갔다.

그런데 오청식 박사와 해송 본인은 대학에서 강의를 하거나 연구를 하고 나머지 분들도 각자의 일이 있어 전체의 번역과 그 연구 성과를 한꺼번에 내려면 많은 시간이 걸리기 때문에 먼저 그 번역을 각 권으로 나눠 내자고 합의를 했고, 1권의 번역이 끝났기 때문에 서둘러 출판하게 되었다. 팀 전체가 좀 더 자주 만나 더 많은 이야기를 했으면 더 훌륭한 번역이 나왔겠지만 그래도 현재의 상태에서 최선을 다한 것이니, 부끄럽지만 『자평수언』 1권을 출간한다. 모자라는 부분에 대해서는 강호의 동문님들과 선배님들의 솔직하고 아낌없는 지적과 조언을 다음 카페 한국명리연구회나 도서출판 어은으로 부탁드린다.

2015 을미년 4월 3일
계양산 서북쪽 기슭 검암동에서
역자 대표 해송 김학목이 서문을 씀

## 역자의 말

명리학에서 『연해자평淵海子平』을 제외하고 3대보고라 일컫는 『자평진전子平眞詮』, 『적천수適天髓』, 『난강망欄江網』에 대해 평주評註를 쓴 서락오徐樂吾는 우리나라 명리학사命理學史에서 언제나 뜨거운 논쟁의 중심에 서 있다. 명리학을 공부하신 분들은 자신들이 원하던 원하지 않던 간에 서락오에게 직간접적으로 많은 영향을 받고 있다. 그 이유는 용신用神개념·음생양사陰生陽死-음양동생동사陰陽同生同死, 야자시夜子時, 조자시무子時 등에 대해 수많은 사람들이 현재까지 끊임없이 논쟁하고, 또한 『자평진전평주』에서 알 수 있듯이 원전의 의도를 무시하고 서락오 자신의 의도대로 설명했다고 하는 의견이 명리학을 공부하는 많은 사람들에게 지금까지 끊임없이 지적 되고 있기 때문이다.

그동안『자평수언』은 대학이나 재야에서 강의 교재로 부분적으로 번역하여 발표한 적은 있으나 아직까지 전체의 번역이 시도된 적은 없었으니, 명리를 하는 분들께는 이번의 번역·출간이 단비와 같은 일이 아닐 수 없다. 서락오가 고전의 의도를 그대로 드러낸 것은 아닐지라도 말년에 나름대로 명리학 3대 고전의 핵심을 『자평수언子平粹言』에 집대성했다는 점에서 이번의 번역·출간은 서락오의 명리체계를 파악하는 데 지극히 중요한 역할을 할 수 있다. 그러니 이 책의 출간 후에 나머지도 빠른 시간 내에 이어서 계속 출간해 나가겠다. 이것은 명리학을 공부하는 한 사람으로서 학문을 하는 자세이고 또한 선각과 선배에 대한 예의라고 본다.

그간의 명리서들은 대부분 번역본 분량이 많음에도 장서용으로 제본되어 실질적으로 가지고 다니면서 공부하는 데는 불편함이 많기 때문에 전철이나 버스에서도 쉽게 볼 수 있도록 책을 나누어 편집하기로 하였다. 책은 책장에 꽂혀있는 장식용이 아니고, 읽혀지면 과감히 던져 버릴 수 있어야한다. 저자나 역자, 그리고 출판사의 입장이 아닌 독자의 입장에서 쉽게 소지할 수 있도록 책을 나누었다. 고전이라는 형식의 권위와 무게를 과감히 벗어던지고 오로지 독자의 편리성과 현실성에 초점을 맞추도록 노력했는데, 독자들의 입장에서는 어떨지 모르겠으니, 책의 형식이나 번역 등에 대해 아낌없는 조언을 부탁드린다.

명리의 인구가 100만을 향하는 시대다. 명리에 대한 관심이 계속 늘어나면서 이에 대한 공부도 질적으로나 양적으로나 깊어지고 확산되고 있다. 40대 장년층은 물론 젊은 대학생에서부터 퇴직을 하신 60-70대의 노년층에 이르기까지 명리학에 대한 관심이 고루 분포하고 있다. 60년대에 한의학이 제도권내로 들어와서 발전해 온 것처럼, 21세기를 맞이하여 명리학도 제도권내로 들어오려는 움직임이 있다. 그러니 이에 발맞춰 명리 고전에 대한 깊이 있는 번역뿐만 아니라 명리학에 대한 체계적인 저술이 절대적으로 간절히 필요한 시기다.

현재 우리나라의 명리학 수준도 크게 발전해 왔다. 독자의 입장에 맞추어 그동안 목말라왔던 『자평수언』의 번역·출간을 계기로 학계에 계신 분들이나 재야의 숨은 고수 분들의 견해나 의견을 존중·수렴하여 『자평수언』에 대한 연구와 비판을 준비할 계획이다. 곧 책의 의미를 한 방향의 일반적 전달이 아닌 명리 연구자들은 물론 그 독자들까지의 의견을 반영함으로써 살아있는 책을 만들려고 준비하는 중이니, 독자 여러분들께서 온 오프라인을 통해 적극적으로 소통을 해 주시길 부탁드린다.

2015 을미년 4월 3일
분당 운중동에서 어은 김규승이 서문을 보탬

:: 목차 ::

- 『자평수언』의 서문 **5**
- 자서 **8**
- 『자평수언』 재판본의 요점 **13**
- 추천하는 말 **18**
- 역자를 대표하는 말 **20**
- 역자의 말 **23**

### 제1편  자평학의 원리 **29**

1. 무엇이 음양인가? **31**
2. 무엇이 오행인가? **34**
3. 무엇이 10천간인가? **42**
4. 무엇이 12지지인가? **47**
5. 무엇이 지지에 숨어있는 쓰임인가? **54**
6. 지지의 숨어있는 쓰임에 대한 도표 **69**

### 제2편  연습방법 **81**

1. 60갑자 **83**
2. 사주 **93**
3. 정축 **95**

4. 윤달 99
5. 야자시 101
6. 육신 105
7. 간지의 육신 배합 121
8. 대운의 계산법 127
9. 대운의 계산은 기가 아닌 절로 130
10. 소운의 계산법 138
11. 유년 143
12. 명궁의 계산법 144
13. 태원의 계산법 149
14. 소한의 계산법 152

## 제3편  회합의 변화 155

1. 천간의 오합 157
2. 지지의 육합 163
3. 천지합덕표 1 167
4. 천지합덕표 2 168
5. 삼합의 회국 170
6. 지지의 네 방위 174
7. 육충 176
8. 지지의 삼형 178
9. 지지의 육해 182
10. 녹과 인 184
11. 왕·쇠·강·약을 논함 186
12. 오행의 생극과 반생극을 논함 194
13. 팔법을 논함 204

# 제1편

# 자평학의 원리 [子平學理]

# 1. 무엇이 음양인가?[何謂陰陽]

我國學術, 皆始於易. 易以寒暖燥濕, 剛柔往復, 動靜奇偶, 各種名詞, 釋陰陽之義, 反復伸說極爲詳盡, 爲術數之所宗. 雷以動之, 風以散之, 雨以潤之. 日以晅之, 艮以止之, 兌以說之, 乾以君之, 坤以藏之, 八句 卽所以釋陰陽二字之義. 質言之, 盈虛消長而已. 命理小道, 無取乎此槪括的定義, 茲爲簡單說明如下.

중국의 학술은 모두 『역』에서 시작되었다. 『역』은 따뜻함과 차가움, 마름과 젖음, 굳셈과 부드러움, 감과 옴, 움직임과 고요함, 홀과 짝과 같은 여러 가지 말로 음양의 의미를 풀이하면서 반복적으로 설명한 것이 매우 자세하여 술수의 근원이 되었다. 『역』에서 "우레雷☳로써 움직이고, 바람風☴으로써 흩트리고, 비雨☵로써 적시고, 해日☲로써 따뜻하게 하고, 간艮☶으로써 그치고, 태兌☱로써 기쁘게 하고, 건乾☰으로써 군주노릇하고, 곤坤☷으로써 감춘다"[3]라고 한 여덟 구절은 바로 음양이라는 두 글자의 의

---

[3] 『易·說卦傳』4장. 雷以動之, 風以散之, 雨以潤之. 日以晅之, 艮以止之, 兌以說之, 乾以君之, 坤以藏之.

미를 풀이한 것임. 곧이곧대로 음양에 대해 말하면 가득 참과 빔, 줄어 듦과 늘어남일 뿐이다. 그런데 명리학은 이러한 개괄적인 정의를 받아들이지 않았으니, 이에 다음처럼 간단히 설명하겠다.

陽者, 由孕育而生長而壯旺之氣也. (方生之氣, 名爲進氣, 下簡稱向旺) 陰者, 由壯旺而衰老而死絶之氣也. (盛極而衰, 名爲退氣, 下簡稱向衰)

양은 잉태되어 생장하며 왕성해지는 기운이다. (한창 자라나는 기운으로 나아가는 기운이라고 부르는데, 아래에서는 왕성해서 뻗어나가는 것이라고 약칭하겠음) 음은 왕성함에서 쇠퇴하며 죽어 없어지는 기운이다. (극히 왕성함으로 쇠락해서 물러나는 기운이라고 부르는데, 아래에서는 늙어서 물러나는 것이라고 약칭하겠음)

譬如人生由胎孕而生長, 以至三十壯盛之年在, 此時期逐漸發育, 周身細胞組織有增無減, 是謂之陽. 三十之後, 雖在壯盛時期, 而發育已經停止, 自此之後, 周身細胞有減無增, 逐漸衰老, 是謂之陰. 書云, 一鼓作氣. 再而衰, 衰而竭. 陽者, 一鼓作氣之時也, 陰者, 再而衰, 衰而竭之時也. 命理之學, 不外乎陰陽五行, 陰陽不明, 五行無從說起, 故首述之

예를 들어 사람이 잉태하여 태어나 자라면서 장성한 30세까지, 이 시기에는 점점 발육이 좋아져 온 몸의 세포조직이 증가하고 감소하지 않으니, 이것을 양陽이라고 한다. 그 후로는 장성한 시기이지만 발육이 이미 정지하여, 이때부터 온 몸의 세포조직이 감소하고 증가하지 않아 점점 노쇠해 가니, 이것을 음陰이라고 한다.『춘추좌전春秋左傳 · 장공莊公』10년에서 "한 번 북돋우면 기운이 일어난다. 그러나 거듭해서 쇠퇴하고 쇠퇴하여 고갈된다"라고 하였다. 양은 한 번 북돋워 기운이 일어나는 때이고, 음은 거듭하여 쇠퇴하고, 쇠퇴하여 고갈하는 때이다. 명리학은 음양오행을 벗어나지 않는데, 음양에 밝지 못하면 오행에 대해서는 설명할 방법이 없기 때문에 먼저 그것을 서술하겠다.

## 2. 무엇이 오행인가?[何謂五行]

行者, 流行. 五行者, 天地間五種流行之氣, 卽春夏秋冬, 四時之氣候, 寒暑溫涼是也. 春木夏火秋金冬水, 土者, 間雜之氣. 春夏之交, 木氣未盡, 火氣已來. 夏秋之間, 火氣未除, 金氣已至. (秋冬冬春同論) 間雜之氣, 名之爲土, 故土又名 雜氣, 下再詳之.

오행五行에서 행行은 흐름이다. 오행은 천지에 다섯 가지로 흘러가는 기운 곧 봄·여름·가을·겨울 사계절의 기후이니, 춥고 덥고 따뜻하고 시원한 것이 이것이다. 봄은 목木이고 여름은 화火이며, 가을은 금金이고 겨울은 수水이며, 토土는 그 사이에 섞여있는 기운이다. 봄과 여름이 바뀔 때에는 목의 기운이 아직 다 없어지지 않았음에도 화의 기운이 이미 와 있고, 여름과 가을 사이에는 화의 기운이 아직 다 없어지지 않았음에도 금의 기운이 이미 와 있다. (가을과 겨울 사이와 겨울과 봄 사이에도 동일하게 설명됨) 그 사이에 섞여있는 기운을 토土라고 하기 때문에 그것을 또 '섞여 있는 기운[雜氣]'이라고도 부르는데, 아래에서 다시 자세하게 설명하겠다.

古者, 以卦代四時之氣, 名爲卦氣. 每卦管四十五, (五日爲一候, 每爻 營三候計十五日, 三爻共九候也) 太平御覽五行休旺論曰,

옛날에 괘卦를 가지고 사계절의 기운을 대신하면서 그것을 괘기卦 氣라고 이름 붙였다. 각 괘는 45일을 관장하니, (5일이 1후候이고, 각 효爻는 3후 합계 15일을 관장하며, 3효는 모두 9후임) 『태평어람 · 오행휴왕론』4)에서 다음처럼 말했다.

立春, 艮旺 艮居丑寅之交, 立春之候也 震相, 巽胎離沒, 坤死 兌囚, 乾廢坎休.

立夏, 巽旺 巽居辰巳之交, 立夏之候也 離相, 坤胎兌沒, 乾死 坎囚, 艮廢震休.

立秋, 坤旺 坤居未申之交, 立秋之候也 兌相, 乾胎坎沒, 艮死 震囚, 巽廢離休.

立冬, 乾旺 乾居戌亥之交, 立冬之候也 坎相, 艮胎震沒, 巽死 離囚, 坤廢兌休.

입춘立春에 간艮☶괘는 왕성하고 간☶괘는 축丑과 인寅이 교체하는 데에 자리 잡고 있으니, 입춘의 후候임. 진震☳괘는 보좌하며, 손巽

---

4) 『태평어람太平御覽』: 중국 송나라 때에 태종의 명으로 이방 등이 지은 백과사서.

≡≡괘는 잉태하고 리離≡≡괘는 몰락하며, 곤坤≡≡괘는 사멸하고 태兌≡≡괘는 갇히며, 건乾≡≡괘는 폐기되고 감坎≡≡괘는 휴식한다.

입하立夏에 손괘는 왕성하고 손≡≡괘는 진辰과 사巳가 교체하는 데에 자리 잡고 있으니, 입하의 후候임. 리괘는 보좌하며, 곤괘는 잉태하고, 태괘는 몰락하며, 건괘는 사멸하고, 감괘는 갇히며, 간괘는 폐기되고, 진괘는 휴식한다.

입추立秋에 곤괘는 왕성하고 곤괘는 미未와 신申이 교체하는 데에 자리 잡고 있으며, 입추의 후候임. 태괘는 보좌하며, 건괘는 잉태하고, 감괘는 몰락하며, 간괘는 사멸하고, 진괘는 갇히며, 손괘는 폐기되고, 리괘는 휴식한다.

입동立冬에 건괘는 왕성하고 건괘는 술戌과 해亥가 교체하는 데에 자리 잡고 있으며, 입동의 후候임. 감괘는 보좌하며, 간괘는 잉태하고, 진괘는 몰락하며, 손괘는 사멸하고, 리괘는 갇히며, 곤괘는 폐기되고, 태괘는 휴식한다.

卦氣之名, 意義甚晦, 不如五行聞名知義. 其於生尅制化, 運用自如, 故漢以後, 易以五行之名稱. 淮南墜形訓曰,

괘기(卦氣)의 명칭은 의미가 아주 분명하지 않아 그 명칭만 듣고도 의미를 알 수 있는 오행만 못하다. 오행의 생극[生尅 : 相生相尅]과 제화[制化 : 生中有尅·尅中有生]는 그 운용이 자유자재하기 때문에

한대漢代 이후 『역易』은 오행이라는 이름으로 불려졌다. 『회남자·
추형훈』에서 다음처럼 말하였다.

> 春令, 木壯水老火生金囚土死,
> 夏令, 火壯木老土生水囚金死,
> 秋令, 金壯土老水生火囚木死,
> 冬令, 水壯金老木生土囚火死,
> 四季, 土壯火老金生木囚水死.

봄[春令]에 목은 장성하고, 수는 노쇠하며, 화는 생겨나고, 금은 갇히며, 토는 사멸한다.

여름[夏令]에 화는 장성하고, 목은 노쇠하며, 토는 생겨나고, 수는 갇히며, 금은 사멸한다.

가을[秋令]에 금은 장성하고, 토는 노쇠하며, 수는 생겨나고, 화는 갇히며, 목은 사멸한다.

겨울[冬令]에 수는 장성하고, 금은 노쇠하며, 목은 생겨나고, 토는 갇히며, 화는 사멸한다.

계절의 끝[四季]에 : 토는 장성하고, 화는 노쇠하며, 금은 생겨나고, 목은 갇히며, 수는 사멸한다.

名詞雖改爲五行, 意義仍原於易. 易後天入用之卦, 坎離爲主, 坎離水火也, 換言之, 卽寒暑也. 夏令氣候, 暑熱炎威灼爍, 名之爲火. 冬令氣候, 凛冽寒威冷酷, 名之爲水. 春令由寒而暖, 萬物欣欣向榮, 故名之爲木.

명칭이 오행으로 바뀌었을지라도 의미는 여전히 『역』에 근원한다. 『역』의 후천도로 쓰는 괘에서는 감坎☵과 리離☲가 근본이니, 이것들이 수水와 화火로 바꾸어 말하면 곧 추위와 더위이다. 여름철의 기후는 더위가 매우 뜨거워 타는 것 같으니 그것을 화火라고 한다. 겨울철의 기후는 추위가 아주 차가워 얼어붙는 것 같으니 그것을 수水라고 한다. 봄철은 차가운 기운이 따뜻해짐으로 만물이 무럭무럭 자라기 때문에 그것을 목木이라고 한다.

秋令由暖而寒, 萬物遇之而凋殘, 故名之爲金. 合一年而統論之, 木火陽也, 金水陰也. 由春而夏, 陽氣逐漸增長之時, 卽陰氣逐漸消鑠之會. 由秋而冬, 陽氣漸次消歇, 陰氣逐漸增長, 冬至陽生, 夏至陰生, 乃統一年而論陰陽也.

가을철에는 더운 기운이 싸늘해짐으로 만물이 그런 기운을 만나면 시들어 사라지기 때문에 그것을 금金이라고 한다. 1년을 합쳐서 말하면 목과 화는 양陽이고 금과 수는 음陰이다. 봄부터 여름까지는 양기가 점차로 증가하는 때 곧 음기가 점점 소멸해 가는 시기이다. 가을부터 겨울까지는 양기가 차츰 소멸되어 음기가 계속 증가한다.

동지에 양이 생겨나고 하지에 음이 생겨나는 것이 바로 1년을 통틀어 음양을 논하는 것이다.

珞琭子消息賦云, 元一氣兮先天, 稟淸濁兮自然. 著三才以爲象, 播四時以爲年. 又三命指迷賦云, 一氣肇判兮, 兩儀定位, 五行周流兮, 萬物從類. 是卽言四時陰陽五行, 乃一氣之循環也.

『낙록자소식부珞琭子消息賦』에서 "하나의 기운을 근본으로 함은 하늘보다 앞섬이고, 맑은 것과 흐린 것을 품부함은 저절로 그러함이다. 삼재[三才: 天·地·人]로 드러나 형상을 이루고 사계절로 베풀어 한 해를 이룬다"라고 하였다. 또 『삼명지미부』에서 "하나의 기운이 처음으로 갈라져 음양이 제자리를 잡고, 오행이 두루 흘러 만물이 종류대로 생긴다"라고 하였다. 이것은 곧 사계절과 음양오행이 바로 하나로 된 기운의 순환이라는 말이다.

以五行配方位, 亦由氣候之自然. 春令東風爲主, 夏令南風爲主, 秋令西風爲主, 冬令北風爲主. 氣候逐漸轉移, 故春夏之間, 多東南風, 夏秋之間, 多西南風, 秋冬之間, 多西北風, 冬春之間, 多東北風, 足徵五行方位, 皆隨自然之氣候以配合.

오행을 방위에 배치하는 것도 기후가 저절로 그렇게 됨에서 말미암은 것이다. 봄철에는 동풍이 주로 불고 여름철에는 남풍이 주로 불며, 가을철에는 서풍이 주로 불고 겨울철에는 북풍이 주로 분다. 기후가 점점 바뀌기 때문에 봄과 여름 사이에는 동남풍이 많고 여름과 가을 사이에는 서남풍이 많으며, 가을과 겨울 사이에는 서북풍이 많고 겨울과 봄 사이에는 동북풍이 많은 것에서 오행의 방위를 징험하기에 충분하니, 이것은 모두 저절로 그렇게 되는 기후에 따라 배합한 것이다.

史謂伏羲氏, 仰觀象於天, 俯觀法於地, 中觀萬物之宜, 又云, 黃帝命大撓氏探五行之情以作甲子, 因四時推候, 皆合而定名詞, 非意測杜撰可知也.

역사서에서 "복희씨伏羲氏는 위로 하늘에서 상象을 살피고, 아래로 땅에서 법法을 살피며, 가운데로 만물의 마땅함을 살폈다"라고 하였으며, 또 "황제黃帝는 사관 대요씨大撓氏에게 오행의 실정을 탐구해서 60갑자甲子를 만들도록 했다"라고 하였으니, 사계절로 기후를 미루어 본 것이 모두 맞아서 용어로 규정한 것이지 근거 없이 마음대로 추측하여 지어낸 것이 아님을 알 수 있다.

以木火金水, 代春夏秋冬之氣, 而配以東南西北之方位. 旣如上述, 四時之交, 間雜之氣, 名之以土. 書云, 土居中央, 寄於四隅, 八卦以坎離震兌爲正位, (以言地支, 子午卯酉也) 以乾坤艮巽爲四隅 (乾戌亥,

艮丑寅, 巽辰巳, 坤未申)

목·화·금·수로 춘·하·추·동의 기운을 대신하고 그것을 동·남·서·북의 방위에 배합했다. 그런데 이미 앞에서 서술한 것처럼, 사계절이 교체할 때 그 사이에 섞여있는 기운을 토土라고 하였다. 『서(書)』에서는 "토는 중앙에 자리 잡고 네 모퉁이에 붙어있다"라고 하였다. 팔괘에서는 감坎·리離·진震·태兌를 '중앙의 자리[正位]'로 여기고, (그것으로 지지地支를 말하면 자子·오午·묘卯·유酉임) 건乾·곤坤·간艮·손巽을 네 모퉁이로 여긴다. (건乾은 술戌·해亥이고 간艮은 축丑·인寅이며, 손巽은 진辰·사巳이고 곤坤은 미未·신申임)

土無專位, 而寄於四隅, 故以辰戌丑未爲專旺之地, 更附火生寅祿於巳, 附水生申祿於亥. 雖散居四隅, 而旺於中央, 故一年之中, 夏令之土爲最旺. 下文再詳論之.

그런데 토土는 자기만의 자리가 없고 네 모퉁이에 붙어 있기 때문에 진辰·술戌·축丑·미未를 오로지 왕성한 곳으로 여기고, 또한 화火에 의지하는 것은 인寅에서 생生하고 사巳에서 녹祿하고, 수水에 의지하는 것은 신申에서 생生하고 해亥에서 녹祿한다. 비록 네 모퉁이에 흩어져 있을지라도 중앙에서 왕성하기 때문에 1년 중에 여름철의 토土가 가장 왕성하다. 아래 글에서 다시 자세히 논하겠다.

## 3. 무엇이 10천간인가? 천원[何謂十干天元]

陰陽者, 消長之義也. (卽往復) 論一氣之消長, 則有木火金水之分, 更就木火金水, 而各論其消長, 則有十干. (十干卽是五行, 乃天行之氣, 故名天干)

음양은 줄어들고 늘어난다는 의미(곧 가고 온다는 것)이다. 하나로 되어 있는 기운의 줄어들고 늘어나는 것을 논하면, 목·화·금·수로 나뉨이 있고, 다시 목·화·금·수를 가지고 각기 그 줄어들고 늘어나는 것을 논하면 10간十干이 있다. (10간은 바로 오행으로 하늘에 흘러가는 기운이기 때문에 천간天干이라고 함)

甲乙, 同一木也, 由孕育而生長而壯盛之木爲甲木, 由旺極而衰老而死絶之木爲乙木. 從氣候言之, 甲木者, 陽和之氣, 萬卉萌生, 欣欣向榮, 乙木者, 艷陽之候, 風和日暖, 洩洩融融, 性有剛柔之別也.

갑甲과 을乙은 같은 목木이나 잉태함으로 생장하여 장성하는 목木이 갑목甲木이고, 극도로 왕성함에서 노쇠하여 죽어 없어지는 목이 을목乙木이다. 기후로 말하면, 갑목은 초봄의 따뜻한 기운에 온갖 초목의 싹이 터서 무럭무럭 자라는 것이고, 을목은 늦봄의 나른한 때에 미풍에 화창하고 즐거운 것이니, 그것들의 특성에 굳세고 부드러운 구별이 있다.

丙丁, 同一火也, 由孕育而生長而壯盛之火爲丙火, 由旺極而衰老而死絶之火爲丁火. 若言氣候, 丙者, 炎威灼爍, 其勢莫當, 丁者, 溫煖融和, 熱而不烈. 書云, 丙火猛烈, 丁火昭融, 卽此意.

병丙과 정丁은 같은 화火이나 잉태함으로 생장하여 장성하는 화火가 병화丙火이고, 극도로 왕성함에서 노쇠하여 죽어 없어지는 화가 정화丁火이다. 기후로 말하면, 병丙은 매우 뜨겁고 불타는 것 같아 그 기세를 아무도 감당할 수 없고, 정丁은 온화하고 화합하며 따뜻하고 뜨겁지 않은 것이다. 책에서 "병화는 맹렬하고, 정화는 환하게 화합한다"라고 한 말이 곧 이런 의미이다.

庚辛, 同一金也, 由孕育而生長而壯盛之金爲庚金, 由旺極而衰老而死絶之金爲辛金. 若言氣候, 庚者, 肅殺之氣, 萬物遇之而凋零, 辛者, 淸涼之氣, 秋高氣爽, 是也.

경庚과 신辛은 같은 금金이나 잉태함으로 생장하여 장성하는 금金이 경금庚金이고, 극도로 왕성함에서 노쇠하여 죽어 없어지는 금이 신금辛金이다. 기후로 말하면, 경庚은 숙살肅殺하는 기운으로 만물이 그것을 만나면 시들어 떨어지는 것이고, 신辛은 맑고 서늘한 기운으로 가을의 시원한 날씨가 이것이다.

壬癸, 同一水也, 由孕育而生長而壯盛之水爲壬水, 由旺極而衰老死絕之水爲癸水成. 言氣候, 壬者, 凜冽之氣, 其性淼酷, 故有冲奔之勢, 癸者, 淫潤之氣, 空氣中之水份, 故其性至爲柔弱也.

임壬과 계癸는 같은 수水이나 잉태함으로 생장하여 장성하는 수水가 임수壬水이고, 극도로 왕성함에서 노쇠하여 죽어 없어지는 수가 계수癸水이다. 기후로 말하면, 임壬은 추운 기운으로 그 특성이 아득하고 가득하기 때문에 깊이 달아나는 기세가 있는 것이고, 계癸는 축축한 기운으로 공기 중의 수분이기 때문에 그 특성이 지극히 부드러운 것이다.

土爲間雜之氣, 隨氣之消長而分陰陽, 戊土高亢, 己土卑溼. 以戊土雜有火氣, 己土雜有水氣也. 土無死絕之時, 由長生而至臨官爲陽土, 由帝旺而至衰位爲陰土. 衰位之後, 又是長生, 所謂寄於四隅是也. 四季之土, 性各不同, 辰土溫暖而潤, 未土溫暖而燥, 戌土高亢而燥, 丑土卑溼而寒. 各隨氣候, 而異其性, 故云雜氣也.

  토土는 사이에 섞여있는 기운으로 기운의 줄어듦과 늘어남에 따라 음과 양으로 나뉜다. 무토戊土는 높아 올라가 있는 것이고 기토己土는 낮아 젖어있는 것이니, 무토는 화火의 기운이 섞여있고, 기토는 수水의 기운이 섞여있기 때문이다. 토는 죽어서 없어지는 때가 없어 장생長生에서 임관臨官까지가 양토陽土이고, 제왕帝旺에서 쇠衰의 자리까지가 음토陰土이다. 쇠衰의 자리 다음에 또 장생이니 이른바 네 모퉁이에 붙어 있다는 것이 이것이다. 사계절의 토는 그 성질이 각각 같지 않으니, 진토辰土는 따뜻하면서 젖어 있고 미토未土는 따뜻하면서 말라 있으며, 술토戌土는 높이 올라가 있으면서 말라있고 축토丑土는 낮아 젖어 있으면서 차갑다. 각기 기후에 따라 그 성질을 다르기 때문에 섞여있는 기운이라고 한다.

十干陰陽之分, 同一物也, 因向旺向衰之殊. 而性有柔剛, 用有強弱. 其中分別, 須細體會, 難以文字形容. 古人於此出之以喩詞, 如甲爲大林, 乙爲卉草, 丙爲太陽之火, 丁爲燈燭爐冶之火, 戊爲城垣隄岸之土,己爲田園卑溼之土, 庚爲劍戟之金, 辛爲珠玉釵釧之金, 壬爲江湖之水, 癸爲雨露之水. 言簡意精, 譬喩至爲恰當, 後人不察, 以詞害意, 反失其 眞, 至可哂也.

　10간을 음과 양으로 나눈 것은 같은 것이 왕성해서 뻗어나가고 늙어서 물러나는 차이로 특성에 부드러움과 굳셈이 있고, 그 작용에 강함과 약함이 있기 때문이다. 그런 가운데의 분별은 반드시 자세히 체득해야 하나 문자로 표현하기는 어렵다. 그래서 옛 사람들은 이것에 대해 비유로 표현했으니, 이를테면 갑甲은 큰 숲이고, 을乙은 초목이며, 병丙은 태양 같은 화火이고, 정丁은 등불이나 화롯불 같은 화이며, 무戊는 성벽이나 강둑과 같은 토土이고, 기己는 낮게 있어 축축한 논밭이나 동산의 토이며, 경庚은 칼이나 창의 금金이고, 신辛은 구슬이나 옥으로 만든 비녀나 팔찌 같은 금이며, 임壬은 강이나 호수의 수水이고, 계癸는 비나 이슬과 같은 수라는 것이다. 간단하게 표현했으나 의미를 정확하게 하여 비유가 아주 딱 맞아 떨어지는데, 후대 사람들이 알아차리지 못해 그 표현을 가지고 의미를 해침으로 도리어 참됨을 망쳐놨으니, 참으로 우습다.

## 4. 무엇이 12지지인가? 지원[何謂十二支地元]

支者, 時之序也. 就一年而言之, 則爲十二月, 就一日而言之, 則爲十二時. 五行旺相休囚之程序, 就十二支以分配之, 胎 養 長生 沐浴 冠帶 臨官 帝旺 衰 病 死 墓 絶, 名十二宮中, 五行各異其旨.

지지는 시간의 순서이다. 일 년을 가지고 말하면 열두 달이고, 하루를 가지고 말하면 12시진時辰[5]이다. 오행의 왕旺·상相·휴休·수囚의 순서를 가지고 12지지로 나눠 짝지우면, 태胎·양養·장생長生·목욕沐浴·관대冠帶·임관臨官·제왕帝旺·쇠衰·병病·사死·묘墓·절絶로 12궁宮이라고 부르는데, 오행이 각기 그 뜻을 달리하는 것이다.

旺相休囚之序, 就卦位言之, 爲旺相胎沒死囚廢休. (就全年分爲八個單位) 更就四時五行言之, 爲生壯老囚死. 簡言

---

[5] 시진은 예전에 두 시간을 하나의 단위로 나타내는 말이다.

之, 爲旺相休囚. 名目雖異, 意義相同, 迨分配於十二月, 義正而名詞亦確定矣. 詳五氣流行圖說明.

　왕旺·상相·휴休·수囚의 순서를 팔괘의 위치로 말하면, 왕旺·상相·태胎·몰沒·사死·수囚·폐廢·휴休이다. (한 해를 여덟 단위로 나눈 것임) 다시 사계절의 오행으로 말하면, '생生·장壯·노老·수囚·사死'이다. 간략하게 말하면 왕旺·상相·휴休·수囚이다. 말이 다를지라도 의미가 서로 같으니, 12달에 나눠 짝지우면 의미가 바르게 되고 명칭 역시 확실히 정해진다. 「다섯 기운이 흘러가는 그림[五氣流行圖]」의 설명에서 자세히 말하겠음.

就十二支, 分配卦位.
12지지를 팔괘의 위치로 나눠 짝 지웠다.

　坎(子), 艮(丑寅), 震(卯), 巽(辰巳), 離(午), 坤(未申), 兌(酉), 乾(戌亥).

　감坎괘는 자子에 속하고 간艮괘는 축丑·인寅에 속하며, 진震괘는 묘卯에 속하고 손巽괘는 진辰·사巳에 속하며, 리離괘는 오午에 속하고 곤坤괘는 미未·신申에 속하며, 태兌괘는 유酉에 속하고 건乾괘는 술戌·해亥에 속한다.

就十二支, 分配方位.

12지지를 방향으로 나눠 짝 지웠다.

　　寅卯辰(東方), 巳午未(南方), 申酉戌(西方), 亥子丑(北方).
　　인寅·묘卯·진辰은 동방에 속하고 사巳·오午·미未는 남방에 속하며, 신申·유酉·술戌은 서방에 속하고 해亥·자子·축丑은 북방에 속한다.

就十二支分配十二月.

12지지를 열두 달로 나눠 짝 지웠다.

　　正月建寅, 二月建卯, 三月建辰, 四月建巳, 五月建午, 六月建未, 七月建申, 八月建酉, 九月建戌, 十月建亥, 十一月建子, 十二月建丑.
　　초저녁에 북두칠성의 자루가 가리키는 방향이 정월에는 인寅이고, 2월에는 묘卯이며, 3월에는 진辰이고, 4월에는 사巳이며, 5월에는 오午이고, 6월에는 미未이며, 7월에는 신申이고, 8월에는 酉이며, 9월에는 술戌이며, 10월에는 해亥이고, 11월에는 자子이며, 12월에는 축丑이다.

十二支之陰陽, 專從奇偶分配之.
12지지의 음과 양을 홀수와 짝수에 따라 나눠 짝 지웠다.

陽, 子寅辰午申戌, 陰, 丑卯巳未酉亥.
양은 자·인·진·오·신·술이고, 음은 축·묘·사·미·유·해이다.

十二支之五行, 所重在用, (詳地支藏用) 就其本身言之.
12지지의 오행은 중점이 쓰임에 있으니, (「지지의 숨어있는 쓰임」에서 상세하게 말하겠음) 그 자체로 말하겠다.

寅卯(木), 辰(土), 巳午(火), 未(土), 申酉(金), 戌(土), 亥子(水), 丑(土).
인寅·묘卯는 목木이고 진辰은 토土이며, 사巳·오午는 화火이고 미未는 토土이며, 신申·유酉는 금金이고 술戌은 토土이며, 해亥·자子는 수水이고 축丑은 토土이다.

五行各分陰陽, 而有干支, 天干者, 五行在天之氣, 地支者, 四時流行之序也. 列圖如左.[6]

---

[6] 원문에 '右'로 되어 있는 것을 책의 편집에 맞추어 '左'로 수정했다.

오행을 각기 음과 양으로 나누어 10천간·12지지로 표시하면, 천간天干은 하늘에 있는 오행의 기운이고, 지지地支는 계절이 흘러가는 순서이다. 도표는 다음과 같다.

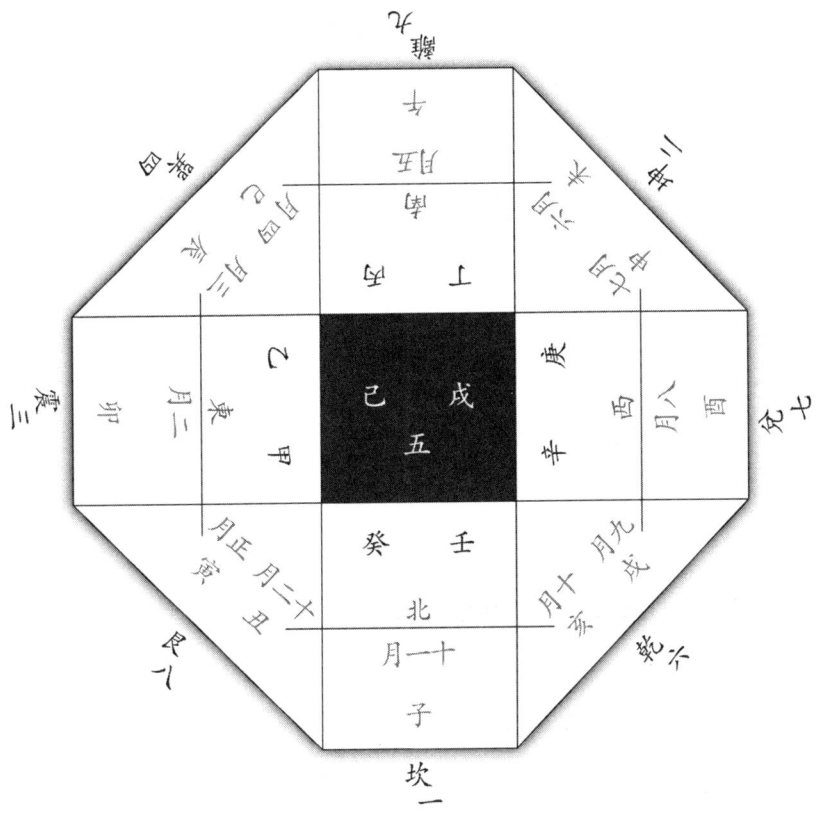

오행 방위 배치도[五行配方位圖]

按, 五行十干十二支, 皆是代名詞, 乃一種符號也. 以五行代春夏秋冬之氣候, 係專就子平法立論, 猶非澈底之言. 若窮其源, 命理爲術數之一. 數者, 數目也. 五行者, 一一三一四五之數, 十干者, 天一地二, 天三地四, 天五地六, 天七地八, 天九地十之生成數, (一二三四五爲生數, 六七八九十爲成數. 範圍天地而不過, 曲成萬物不遺, 故又名天地範圍) 河圖之數也, 地支卽九宮, 洛書之數也. 神煞者, 干支與干支, 相加之符號也. 成敗遇合, 吉凶休咎, 不外乎數. 數之繁複者, 不能不用代數方程. 命理亦猶是, 明乎此, 一切無稽之說, 掃而空矣.

살펴보건대, 오행의 10천간·12지지는 모두 대명사로 바로 일종의 부호이다. 오행으로 춘하추동의 기후를 대신하는 것은 오로지 자평법子平法으로 체계를 세운 것이기에 여전히 철저한 말은 아니다. 만약 그 근원을 궁구해 보면 명리학은 술수의 일종이다. 수數는 숫자이니, 오행은 1·2·3·4·5라는 수이고, 10간은 천1·지2·천3·지4·천5·지6·천7·지8·천9·지10라는 생수生數와 성수成數이니, (1·2·3·4·5는 생수이고, 6·7·8·9·10은 성수임. 천지로 제한하여 지나치지 않고, 만물을 곡진히 이루어 남기지 않기 때문에 천지범위수天地範圍數라고도 부름) 하도河圖의 수이며, 지지地支는 곧 9궁九宮이니, 낙서洛

書의 수이다. 신살神煞은 간지와 간지가 서로 더해진 부호이니, 성공하고 실패함에 길흉화복이 수를 벗어나지 않는다. 수가 번다하게 복잡해지면 대수代數와 방정식方程式을 사용하지 않을 수 없으니, 명리학도 이와 같다. 이런 점을 분명히 알면 모든 근거 없는 말들을 모조리 쓸어 없애버릴 것이다.

## 5. 무엇이 지지에 숨어있는 쓰임인가?
### 인원[何謂地支藏用人元]

　　五行爲寒暑溫涼之氣, 無時無刻, 不流行於天地之間. 所不同者, 旺相休囚之別耳. 旺相爲有用, 休囚爲無用. 地支藏用者, 各支所藏, 有用之氣也. 茲先釋生旺休囚十二宮之名義.

　　오행은 춥고 더운, 따뜻하고 서늘한 기운으로 어느 시간 어느 시각에도 천지에 흘러가지 않은 적이 없다. 그런데 그 기운이 서로 다르게 되는 까닭은 왕旺·상相·휴休·수囚의 차이 때문이다. 왕旺·상相은 유용하고 휴休·수囚는 무용하다. 지지에 숨어 있는 쓰임은 각기 지지가 소장하고 있는 유용한 기운이다. 이에 먼저 생생·왕旺·휴休·수囚에 대한 12궁궁의 이름을 풀이하겠다.

　　氣候之至也, 自無而有, 非突然而來, 必先醞釀, 胎養兩位, 乃醞釀之時也. 長生者, 萌芽初生, 發動之時也. 沐浴冠帶, 初生幼稚, 氣漸生長. 如人登場之先, 沐浴衣冠以預備也. 臨官乃最壯旺之時, 如人壯年, 銳氣正盛, 前途希望, 無有窮盡. 故臨官又名祿位, 言食祿王家, 努力前程也.

　기후가 오는 것은 아무 것도 없는 것에서 무엇이 있게 되나 갑자기 닥쳐오는 것이 아니라 반드시 먼저 은밀하게 자라는 것이 있기 때문이니, 태태와 양양 두 자리가 바로 은밀하게 자라는 때이다. 장생長生은 싹이 처음 나와 드러나며 움직이는 때이다. 목욕沐浴과 관대冠帶는 처음 생겨나 어린 것이 기운이 점점 나오며 자라는 것이다. 이를테면 사람이 무대에 나오기에 앞서 목욕하고 의관을 갖춤으로 미리 준비하는 것이다. 임관臨官은 바로 가장 왕성할 때로 이를테면 사람이 장년에 굳세고 적극적인 기운이 바르고 왕성하여 앞길에 희망이 있고 다함이 없는 것이다. 그러므로 임관臨官은 또 벼슬자리[祿位]라고도 부르니, 왕실에 벼슬하며 앞날의 위해 노력하는 것을 말한다.

帝旺者, 主旺也, 帝主也. 專旺之地, 無別種夾雜, 故言主旺. 然盛極難爲繼, 外象崢嶸, 其氣已竭. 故臨官帝旺兩位, 雖同爲中心極旺之時, 而臨官如午前, 帝旺如午後, 向旺向衰, 自此而別.

　제왕帝旺은 왕성함을 주로 함이니, 제帝 자는 주로 한다는 의미이다. 오로지 왕성하기만 한 상황이고 다른 것이 섞여있지 않기 때문에 왕성함을 주로 한다고 하였다. 그러나 왕성함은 이어 나가기가 극도로 어려우니, 겉모습은 높고 높지만 그 기운은 이미 다해버렸다. 그러므로 임관臨官과 제왕帝旺 두 자리는 비록 똑같이 중심에서 극히 왕성한 때이나, 임관臨官은 오전과 같고 제왕帝旺은 마치 오후와 같으니, 왕성해서 뻗어 나가는 것과 늙어서 물러나는 것이 여기에서 나눠진다.

自帝旺之後, 而衰而病而死, 逐漸衰退義至明顯. 墓者, 死之後, 猶存餘氣, 如日落西, 太陽之光, 從地平綫下倒映而上, 迴光返照, 猶有餘輝也. 至絕而氣眞絕矣. 自此之後, 又將醞釀而生, 故一氣循氣, 周流不斷也.

제왕帝旺의 뒤로 쇠衰하고 병病하며 사死하여 마침내 차츰 쇠퇴하는 의미가 아주 분명하게 드러난다. 묘墓는 죽은 다음에 여전히 여기餘氣가 있어 마치 해가 서쪽으로 넘어가며 빛이 지평선 아래에서 거꾸로 비춰 올라오며 빛을 되돌려 비추는 것처럼 여전히 빛을 내는 것이다. 절絕에 오면 기운이 정말 끊어진다. 이 뒤로는 은밀하게 자라며 생겨나기 때문에 하나의 기운이 순환함으로 두루 흘러가며 끊이지 않는 것이다.

上述旺相休囚十二位之義, 自胎養至臨官六位, 逐步生長爲陽, 自旺至墓絶六位, 逐步衰退爲陰. 陰陽之分界界, 則在子午卯酉之中心, 就年論之, 爲二至(冬至夏至)二分(春分秋分), 就日論之, 爲四正(子正卯正午正酉正), 下更詳之. 更就五行分配十二月, 而述其旺相休囚之次序.

위에서 서술한 왕旺·상相·휴休·수囚의 열 두 자리라는 의미에서, 태胎·양養에서 임관臨官까지 여섯 자리는 점점 생장하는 것으로 양陽이고, 제왕帝旺에서 묘墓·절絶까지 여섯 자리는 점점 쇠퇴하는 것으로 음陰이다. 음·양의 경계는 자子·오午·묘卯·유酉라는 중심에 있으니, 1년을 가지고 논하면 이지[二至: 冬至·夏至]와 이분[二分: 春分·秋分]이고, 1일로 논하면 사정[四正: 子正·卯正·午正·酉正]이니, 아래에서 자세히 논할 것이다. 이제 다시 오행을 열두 달로 나눠 짝을 지어 그 왕旺·상相·휴休·수囚의 순서를 서술할 것이다.

木生於亥, 沐浴冠帶於子丑, 臨官於寅, 旺於卯, 衰於辰, 病死於巳午, 墓於未, 絶於申. 而酉戌則醞釀之時也. 木在亥子丑寅四位, 爲甲木, 在卯辰巳午未五位, 爲乙木. 酉戌木氣未生, 申位木氣已絶, 故不論. 然論其義, 西戌木氣醞釀屬陽, 申位木氣絶地屬陰. 從酉至寅爲甲木, 從卯至申爲乙木, 特用有顯晦之不同耳. 火金水同論. 火生於寅, 沐浴冠帶於卯辰, 臨官於巳, 旺於午, 衰於未, 病死於申酉, 墓於戌, 絶於亥. 火在寅卯辰巳四位, 爲丙火, 在午未申酉戌五位, 爲丁火. 亥, 火之絶地, 子丑火氣未生, 故不論.

　목木은 해亥에서 생生하고, 자子·축丑에서 목욕沐浴·관대冠帶하며, 인寅에서 임관臨官하고, 묘卯에서 제왕帝旺하며, 진辰에서 쇠衰하고, 사巳·오午에서 병병·사死하며, 미未에서 묘墓에 묻히고, 신申에서 절絶한다. 유酉·술戌에서는 은밀하게 자라는 때이다. 목木은 해亥·자子·축丑·인寅이라는 네 자리에서는 갑목甲木이, 묘卯·진辰·사巳·오午·미未라는 다섯 자리에서는 을목乙木이다. 유酉·술戌에서는 목의 기운이 아직 생生하지 않았고, 신申에서는 목의 기운이 이미 절絶했기 때문에 논하지 않는다. 그러나 그 의미를 논하면, 유酉·술戌에서는 목의 기운이 은밀하게 자라는 때로 양陽에 속하고, 신申에서는 목의 기운이 절絶한 곳으로 음陰에 속한다. 유酉에서 인寅까지는 갑목이고, 묘卯에서 신申까지는 을목인 것은 다만 그것의 드러나고 드러나지 않는 차이로 말한 것일 뿐임. 화火·금金·수水도 마찬가지로 설명됨. 화火는 인寅에서 생生하고 묘卯·진辰에서 목욕沐浴·관대冠帶하며, 사巳에서 임관臨官하고, 오午에서 제왕帝旺하며, 미未에서 쇠衰하고, 신申·유酉에서 병병·사死하며, 술戌에서 묘墓에 묻히고, 해亥에서 절絶한다. 화火는 인寅·묘卯·진辰·사巳 네 자리에서는 병화丙火이고, 오午·미未·신申·유酉·술戌 다섯 자리에서는 정화丁火이다. 해亥의 자리는 화火가 절絶한 곳이고, 자子·축丑의 자리는 화의 기운이 아직 생生하지 않았기 때문에 논하지 않음.

金生於巳, 沐浴冠帶於午未, 臨官於申, 旺於酉, 衰於戌, 病死於亥子, 墓於丑, 絕於寅. 金在巳午未申四位, 爲庚金, 酉戌亥子丑五位, 爲辛金. 寅, 金之絕地, 卯辰金氣未生, 故不論. 水生於申, 沐浴冠帶於酉戌, 臨官於亥, 旺於子, 衰於丑, 病死於寅卯, 墓於辰絕於巳. 水在申酉戌亥四位, 爲壬水, 在子丑寅卯辰五位, 爲癸水. 巳水之絕地, 午未水氣未生, 故不論.

금金은 사巳에서 생생하고 오午·미未에서 목욕沐浴·관대冠帶하며, 신申에서 임관臨官하고, 유酉에서 제왕帝旺하며, 술戌에서 쇠衰하고, 해亥·자子에서 병病·사死하며, 축丑에서 묘墓에 묻히고, 인寅에서 절絕한다. 금金은 사巳·오午·미未·신申 네 자리에서는 경금庚金이고, 유酉·술戌·해亥·자子·축丑 다섯 자리에서는 신금辛金이다. 인寅의 자리는 금金이 절絕한 곳이고, 묘卯·진辰의 자리는 금의 기운이 아직 생겨나지 않았기 때문에 논하지 않음. 수水는 신申에서 생생하여 유酉·술戌에서 목욕沐浴·관대冠帶하며, 해亥에서 임관臨官하고, 자子에서 제왕帝旺하며, 축丑에서 쇠衰하고, 인寅·묘卯에서 병病·사死하며, 진辰에서 묘墓에 묻히고, 사巳에서 절絕한다. 수水는 신申·유酉·술戌·해亥 네 자리에서는 임수壬水이고, 자子·축丑·인寅·묘卯·진辰 다섯 자리에서는 계수癸水가 이다. 사巳의 자리는 수水가 절絕한 곳이고, 오午·미未의 자리는 수의 기운이 아직 생겨나지 않았기 때문에 논하지 않음.

土居中央, 寄於四隅. 四隅者, 乾坤艮巽也. 艮爲丑寅之交, 巽爲辰巳之交, 坤爲未申之交, 乾爲戌亥之交, 故於辰戌丑未四季之末, 各闢十八日爲土專旺之地.

토土는 중앙에 있고 네 모퉁이에 붙어 있다. 네 모퉁이는 건乾·곤坤·간艮·손巽이다. 간艮은 축丑과 인寅이 교체되는 곳이고, 손巽은 진辰과 사巳가 교체되는 곳이며, 곤坤은 미未와 신申이 교체되는 곳이고, 건乾은 술戌과 해亥가 교체되는 곳이다. 그러므로 진辰·술戌·축丑·미未라는 네 계절의 끝에 각기 18일씩 두어서 토土가 오로지 왕성한 곳으로 삼았다.

附火生寅, 祿於巳, 附水生申, 祿於亥. 在寅申兩月之初, 各闢十二日, 巳亥兩月之初, 各闢十八日, 附於水火, 爲土長生祿旺之時, 以符四隅之義. 然論其用, 凡母旺則子相, 寅月甲木臨官, 故火長生, 申月庚金臨官, 故水長生. 巳月火旺, 故土隨之而 旺. 若申亥, 則土有生旺之名, 而無生旺之實. 寅月之土, 雖有生之義, 其用亦甚 薄弱, 木旺故也.

화火에 의지하는 것은 인寅에서 생생하고 사巳에서 녹록하고, 수水에 의지하는 것은 신申에서 생생하고 해亥에서 녹록한다. 인寅·신申 두 달의 처음에 각기 12일을 두고, 사巳·해亥 두 달의 처음에 각기 18일을 두어 수水·화火에 의지한 것은 토土가 장생長生하고 녹왕祿旺하는 때에 네 모퉁이에 합하는 의미이다. 그러나 그 쓰임을 논하면, 어미가 왕旺하면 자식이 상相하니, 인월寅月에는 갑목甲木이 임관臨官하고 화火가 장생長生하며, 신월申月에는 경금庚金이 임관臨官하고 수水가 장생長生한다. 사월巳月에는 화火가 왕旺하기 때문에 토土는 그것을 따라 왕旺하다. 신申·해亥에서라면 토土에 생生과 왕旺의 이름이 있을지라도 그것에 대한 실질은 없다. 인월寅月의 토土에는 생生의 의미가 있을지라도 그 작용이 또한 매우 약한 것은 목木이 왕旺하기 때문이다.

### 다섯 기운의 전체 흐름 도표

| 巳 | 午 | 未 | 申 |
|---|---|---|---|
| 水金土火木<br>絶生官　病 | 水金土火木<br>胎沐　旺　死 | 水金火木土<br>養冠衰墓旺 | 土水金火木<br>生　祿病絶 |
| 辰 | | | 酉 |
| 水金火木土<br>墓養冠衰旺 | 五　氣　流<br>行　總　圖 | | 水金火木<br>沐旺死胎 |
| 卯 | | | 戌 |
| 水金火木<br>死胎沐旺 | | | 水金火木土<br>冠衰墓養旺 |
| 寅 | 丑 | 子 | 亥 |
| 水金土火木<br>病絶　生　官 | 水金火木土<br>衰墓養官旺 | 水金火木<br>旺死胎沐 | 土水金火木<br>官　病絶生 |

長生, 沐浴, 冠帶, 臨官, 旺, 衰, 病, 死, 墓, 絶, 胎, 養.

臨官帝旺, 又名祿, 沐浴, 又名敗地, 墓, 又名庫地.

장생 목욕 관대 임관 제왕 쇠 병 사 묘 절 태 양

임관과 제왕은 또 녹지, 목욕은 또 패지, 묘는 또 고지라고 한다.

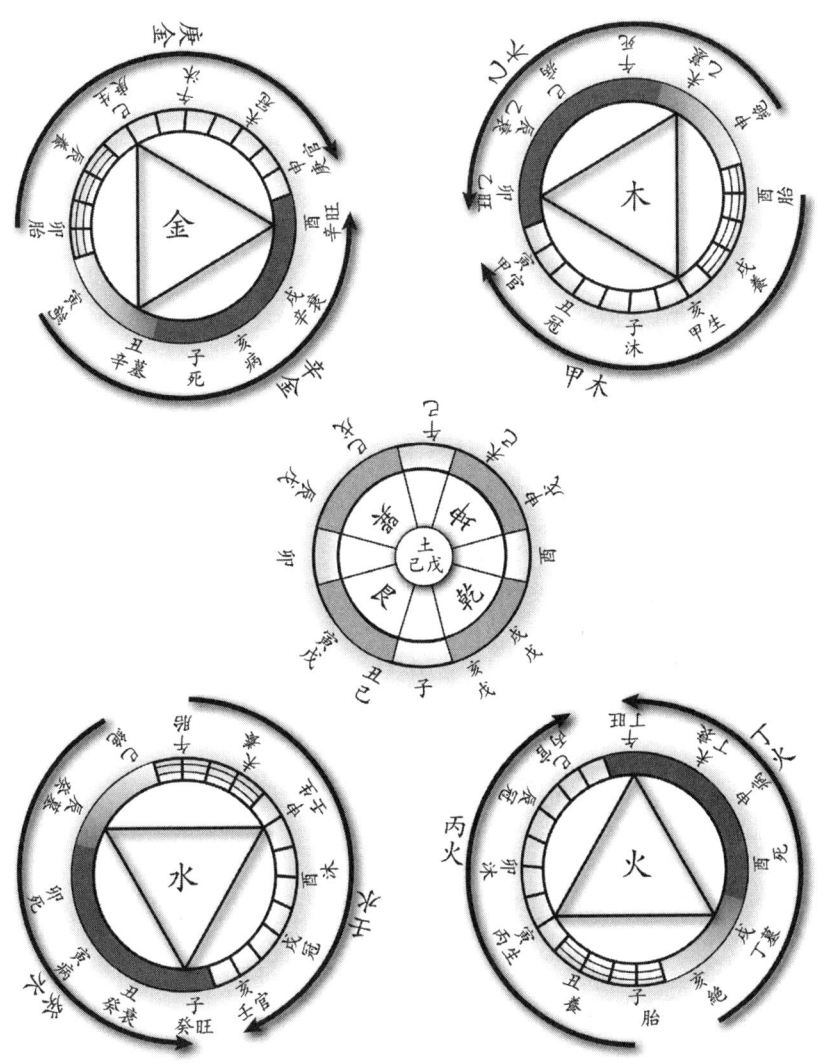

다섯 기운의 세분 흐름 도표[五氣流行分圖]

•**闢謬**: 從來命書, 皆有陽長生陰長生之說. 以甲木生亥, 丙戊生寅, 庚金生 巳, 壬水生申, 爲陽長生順行. 陽死陰生, 乙木生午, 丁己生酉, 辛金生子, 癸水生卯, 爲陰長生逆行. 是由不知五行爲何物也.

•**잘못된 학설에 대한 비판**: 종래의 명리학 책에서 모두 양陽이 장생長生하고 음陰이 장생長生한다는 설명이 있다. 갑목甲木이 해亥에서 생生하고, 병丙·무戊가 인寅에서 생하며, 경금庚金이 사巳에서 생하고, 임수壬水가 신申에서 생하는 것은 양陽이 순서대로 흘러가며 장생長生하는 것이다. 양이 사死하면 음이 생生하니, 을목乙木이 오午에서 생하고, 정丁·기己가 유酉에서 생하며, 신금辛金이 자子에서 생하고, 계수癸水가 묘卯에서 생하는 것은 음陰이 거꾸로 흘러가며 장생長生하는 것이다. 그런데 이렇게 주장하는 것은 오행이 무엇인지 모르기 때문이다.

夫木者, 陽和之氣, 萬物遇之發生, 故名爲木. 一年之中, 豈有二春. 因氣之消長, 有向莊向衰之殊, 故分之爲甲爲乙. 乙爲衰竭之木, 午月火旺, 木氣消散. 故繼善篇云, 乙逢火位, 乃氣散之文. 午爲木之死地, 豈有長生之理. 其荒謬可哂.

목木은 조화로운 양의 기운으로 만물이 그것을 만나 터져 나오기 때문에 목木이라고 하였다. 1년 가운데 어떻게 두 번의 봄이 있겠는가? 기운의 줄어듦과 늘어남에 뻗어 나가고 늙어 물러나는 차이가 있기 때문에 갑甲과 을乙로 나누었던 것이다. 을乙이 쇠퇴하는 목木인 것은 오월午月의 왕성한 화火에 목木의 기운이 줄어들어서 흩어졌기 때문에 「계선편」에서 "을乙이 화火의 자리에 있으면 기운이 흩어지는 꼴이다"라고 하였다. 오午는 목의 기운이 사死하는 곳인데, 어찌 장생長生하는 이치가 있겠는가? 그렇게 황당한 설명은 비웃음을 당해도 싸다.

然則陽長生陰長生有之歟. 曰, 有之. 陽長生者, 寅申也, 陰長生者, 巳亥也. 在支寅申爲陽, 巳亥爲陰, 故名後天入用之卦, 坎離爲主水火是也. 火生於寅, 有祿旺之木以生之, 水生於申, 有祿旺之金以生之. 故正月之丙火, 七月之壬水, 母旺子相, 勢力並行. 庚金生於巳, 巳中丙戊不能生金, 甲木生亥, 亥中壬水, 亦不能生木. 故庚金在巳, 甲木在亥, 皆不旺. 巳中庚金, 有丙剋之 其用更弱.

그렇다면 양陽이 장생하고 음陰이 장생하는 것이 있는가? 있다. 양陽의 장생은 인寅·신申이고, 음陰의 장생長生은 사巳·해亥이다. 지지에서 인寅·신申은 양이고, 사巳·해亥는 음이기 때문에 후천도로 쓰는 괘에서 감坎과 리離는 수水와 화火를 근본으로 한다는 것이 이것이다. 화火는 인寅에서 생生하니 녹왕祿旺의 목木이 있어 그것을 생하고, 수水는 신申에서 생하니, 녹왕祿旺의 금金이 있어 그것을 생한다. 그러므로 정월正月의 병화丙火와 7월의 임수壬水는 어미가 왕旺하고 자식이 상相하는 기세가 병행한다. 경금庚金은 사巳에서 생하지만 사巳 속에 있는 병丙·무戊는 금金을 낳을 수 없고, 갑목甲木은 해亥에서 생하지만 해亥 속에 있는 임수壬水는 목木을 낳을 수 없다. 그러므로 경금庚金이 사巳에 있고 갑목甲木이 해亥에 있을 때에는 모두 왕旺하지 않다. 사巳 속에 있는 경금庚金은 병丙이 그것을 극剋하기 때문에 그 쓰임이 더욱 약함.

四長生有旺衰之殊, 故言陽長生爲旺, 陰長生不旺, 良有以也. 或謂陽干有長, 陰干無長生, 是皆非澈底之談, 要知五行在長生之位. 其氣初生, 蓬蓬勃勃, 勢不可遏, 故代之以陽干, 帝旺之後, 其氣已竭, 日漸衰落, 故代之以陰干.

네 가지 장생長生에는 왕旺하고 쇠衰하는 차이가 있기 때문에 양의 장생은 왕성하고 음의 장생은 왕성하지 않다고 말하는 것에는 진실로 이유가 있다. 어떤 사람들은 양간陽干에만 장생이 있고 음간陰干에는 장생이 없다고 하는데, 이런 것은 모두 철저한 말이 아니니, 반드시 오행에서 장생이 있는 위치를 알아야 한다. 오행의 기운이 처음 생할 때에는 왕성하게 활기가 넘쳐 그 기세를 누를 수 없기 때문에 양간陽干으로 대신하는 것이고, 제왕帝旺 뒤에는 그 기운이 이미 고갈되어 나날이 점차 쇠락하기 때문에 음간陰干으로 대신하는 것이다.

五行因旺相休囚, 而分陰陽, 乃有十干. 並非分陰陽之後, 再論旺相休囚也. 觀五行納音長生起例, 可以證明, 詳下神煞篇. 五行陰陽之學, 自五代後流入江湖, 儒者, 不道一知半解, 愈說而愈入岐途, 貽誤後人非淺, 故特揭出之.

오행은 왕旺·상相·휴休·수囚에 따라 음·양으로 나눠 이에 10간이 있는 것이지, 음·양으로 나눈 뒤에 다시 왕旺·상相·휴休·수囚를 논하는 것이 아니다. 오행의 납음納音과 장생長生의 범례를 살펴보면 증명할 수 있으니, 상세한 것은 아래의「신살편神煞篇」에 있다. 오행·음양의 학문은 오대五代: 907~960) 이후로 강호江湖에 들어왔으나 학자들이 도리에 맞지 않아 잘 이해하지 못해서 설명할수록 샛길로 빠짐으로써 후세 사람들에게 잘못된 영향을 미친 것이 적지 않기 때문에 특별히 들춰내었다.

旣知五氣流行之理, 則地支藏用之爲陰爲陽, 自顯然可見. 用者, 力用也. 五行 之氣, 無時無刻, 不流行於天地之間,7) 氣有旺衰之殊, 則其力用自有顯晦之別, 顯者, 可用, 晦者, 不可用.

다섯 가지 기운이 흘러가는 이치를 알고 나면, 지지의 숨어있는 쓰임으로서 음이 되고 양이 되는 것은 저절로 분명하게 알게 된다. 쓰임[用]이란 힘이 된다는 것이다. 오행의 기운은 그 어느 때 어느 시각이든 천지에 흘러가지 않은 적이 없으나 기운에는 왕旺하고 쇠衰한 차이가 있기 때문에 힘이 됨에 저절로 드러나고 드러나지 않는 차이가 있으니, 드러나는 것은 쓸 수 있고 드러나지 않는 것은 쓸 수 없다.

大概言之, 除四方專位外, (臨官帝旺餘氣爲專位) 惟長生與墓位, 其用顯著, 一則如日之方升, 分外晶瑩, 一則如迴光返照, 餘輝耀目也. 茲列表以說明之.

대충 말하면, 사방의 전위[專位: 임관任官・제왕帝旺・여기餘氣가 전위專位임] 이외에는 장생長生과 묘墓의 자리만이 그 쓰임이 드러난다. 그 하나는 해가 막 떠오르는 것처럼 유달리 빛나는 것이고, 다른 하나는 석양에 빛을 되돌려 비추는 것처럼 남아있는 빛에 눈부신 것이다. 이것은 도표로 나열하여 설명하겠다.

---

7) 원문에 '間'으로 되어 있는 것을 문맥에 따라 '間'으로 수정하였다.

# 6. 지지의 숨어있는 쓰임에 대한 도표 설명을 덧붙임

## [地支藏用表 附說明]

　　五行之用, 僅長生臨官帝旺餘氣(卽衰位)墓五位, 別位皆無力用. 列表如下.

　　오행의 쓰임은 겨우 장생長生 · 임관任官 · 제왕帝旺 · 여기餘氣(바로 쇠위衰位) · 묘묘墓라는 다섯 자리이고, 다른 자리는 모두 힘이 되지 않으니, 도표로 나열한다.

- **說明一.** 胎養兩位, 皆诗醞釀時期, 從胎至臨官爲陽, 從旺至絶爲陰.
- **설명1:** 태태胎 · 양양養 두 자리는 모두 '은밀하게 자라는[醞釀]' 시기이고, 태태胎에서 임관臨官까지는 양陽이고, 제왕帝旺에서 절絕까지는 음陰이다.

| 月建 | 木 | 火附土 | 金 | 水附土 |
|---|---|---|---|---|
| 寅 | 甲臨官 / 木甲 | 丙長生 / 戊 | 絶 | 病 |
| 卯 | 乙帝旺 | 沐浴 / 丙火 | 胎 / 臨官時期 | 死 / 水癸 |
| 辰 | 乙衰 | 戊冠帶 / 火 | 養 | 癸墓 / 水 |
| 巳 | 病 / 乙木 | 丙臨官戊 / 附戊土 | 庚長生 | 絶 |
| 午 | 死 / 乙木 | 丁衰己 / 丁帝旺己 | 沐浴 / 庚金 | 胎 / 臨官時期 |
| 未 | 乙墓 | 丁墓己 / 冠帶 附己土 | 養 | 臨官時期 |
| 申 | 絶 | 病 / 丁火 | 庚臨官 | 壬長生戊 / 壬 |
| 酉 | 胎 / 臨官時期 | 死 / 丁火附己土 | 辛帝旺 / 沐浴 | 水 |
| 戌 | 養 | 丁墓 附己土 | 辛衰 / 冠帶 | 戊土 |
| 亥 | 甲長生 | 絶 | 病 / 辛 | 壬臨官戊 / 附戊土 |
| 子 | 沐浴 / 木甲 | 胎 / 臨官時期 | 死 / 金辛 | 癸帝旺 |
| 丑 | 冠帶 / 木甲 | 養 / 臨官時期 | 辛墓 / 癸衰己 | 附己土 / 水癸 |

- **說明二.** 正月建寅, 寅卯辰爲木專旺之方, 故皆藏木. 寅爲木臨官之地, 故所藏爲甲. 木旺火生, 爲母旺子相. 土附火以生, 故又藏丙戊. 金絕水病, 氣勢衰退, 其用不著.
- **설명2:** 초저녁에 북두칠성의 자루가 가리키는 방향이 정월에는 인寅인데, 인寅·묘卯·진辰은 목木이 오로지 왕旺한 방향이기 때문에 모두 목木을 숨기고 있다. 인寅은 목木이 임관臨官하는 곳이기 때문에 숨기고 있는 것은 갑목甲木이다. 목木이 왕旺하여 화火가 생하는 것은 어미가 왕旺하여 자식이 상相하는 것이다. 토土는 화火에 의지하여 생하기 때문에 또 병丙·무戊를 숨기고 있다. 금金이 절絕하고 수水가 병病든 것은 기세가 쇠퇴하여 그 작용이 드러나지 않는 것이다.

　二月建卯, 木雖在盛極之時, 其氣已竭, 故所藏者, 爲乙木火土幼稚, 名爲敗. 金氣醞釀, 水氣已死, 火土金水之用, 均不著, 故卯爲乙木主旺之地. 惟衡以母旺子相之理, 卯中固有丁火在也.

　초저녁에 북두칠성의 자루가 가리키는 방향이 2월에는 묘卯인데 목이 극도로 왕성한 때일지라도 그 기운이 이미 다하였기 때문에 숨기고 있는 것이 을목乙木과 화火와 토土의 어린 것이니, 패敗라고 한다. 금金의 기운은 은밀하게 자라고 수水의 기운은 이미 사死하였고, 화火와 토土의 쓰임은 모두 드러나지 않기 때문에 묘卯는 을목乙木이 왕旺함을 주로 하는 곳이다. 오직 어미가 왕旺하여 자식이 보좌하는 이치로 저울질하면 묘卯 속에 진실로 정화丁火가 있다.

三月建辰, 木氣雖衰, 猶有餘氣, 又爲水之墓地, 有迴光返照之用, 故藏乙癸. 辰爲土寄旺之隅, 以十八日爲土專旺之地, 故藏土. 土寄生於寅, 至辰爲冠帶位, 故爲戊土, 又辰陽支, 亦爲戊土. 金氣醞釀無用.

초저녁에 북두칠성의 자루가 가리키는 방향이 3월에는 진辰인데, 목木의 기운이 쇠衰하였을지라도 여전히 남은 기운이 있고, 또 수水의 묘지여서 석양에 빛을 되돌려 비추는 쓰임이 있기 때문에 을乙과 계癸를 숨기고 있다. 진辰은 토土가 왕旺함에 의지하는 모퉁이여서 18일 동안 토土가 오로지 왕한 곳이기 때문에 토土를 숨기고 있다. 토土는 인寅에 의지하여 나와서는 진辰에서 관대의 자리이기 때문에 무토戊土이고, 또 진이 양의 지지인 것에서도 무토戊土이다. 금金의 기운은 은밀하게 자라고 있어 쓰임이 없다.

四月建巳. 巳午未爲南方, 火土專旺之地, 故皆藏火土. 火土臨官, 故所藏爲丙戊. 土旺金生, 金氣長也, 故又藏庚金. 木病水絶, 其用不著.

초저녁에 북두칠성의 자루가 4월에는 사巳의 방향을 가리킨다. 사巳·오午·미未는 남방으로 화火·토土가 오로지 왕한 곳이기 때문에 모두 화火·토土를 숨기고 있다. 화火와 토土가 임관臨官이기 때문에 숨이고 있는 것이 병丙과 戊무이다. 토土가 왕旺함으로 금金이 나와 금金의 기운이 자라기 때문에 또 경금庚金을 숨기고 있다. 목木이 병病하고 수水가 절絕하니, 그 쓰임은 나타나지 않는다.

　五月建午, 爲火之旺地, 盛極將衰, 氣勢已竭, 故爲丁火. 土隨火旺, 並藏己土. 金幼稚, 水醞釀, 木氣絕, 均無用.
　초저녁에 북두칠성의 자루가 가리키는 방향이 5월에는 오午인데, 화火가 왕성한 곳으로 극성하여 쇠하려고 하고 기세가 이미 고갈되었기 때문에 정화丁火이다. 토土가 화火를 따라 왕성하여 기토己土를 함께 숨기고 있다. 금金은 어리고, 수水의 기운은 은밀하게 자라고 있으며, 목木의 기운은 절絕하여 모두 쓰임은 없다.

　六月建未, 火氣雖衰, 猶存餘氣, 故藏丁火. 木氣迴光返照, 爲木墓地, 故又藏乙木. 未爲土寄旺之一偶, 以十八日爲土專旺之地. 土生寅祿巳, 至未爲衰地, 故爲己土, 又未陰支, 亦爲己土. 然論其用, 土隨火旺, 南方爲火專旺之區, 卽是土專旺之地, 故四季之土, 以未月爲最旺也. 水在醞釀, 金未長成, 均無用.
　초저녁에 북두칠성의 자루가 가리키는 방향이 6월에는 미未인데, 화기火氣가 쇠할지라도 여전히 남은 기운이 있기 때문에 정화丁火를 숨기고 있다. 목기木氣는 빛을 되돌려 비추어 목木의 묘지墓地이기 때문에 을목乙木을 감추고 있다. 미未는 토土가 왕성한 것의 한 모퉁이에 붙어 있어 18일을 토土가 오로지 왕성한 곳으로 삼는다. 토土는 인寅에서 생생生하고 사巳에서 록祿하다가 미未에 와서 쇠지衰地이기 때문에 기토己土가 되는데, 또 미未가 음陰의 지지地支이니, 또한 기토己土이다. 그러나 그 쓰임을 논하면 토土는 화火를 따라 왕성하고, 남방은 화火가 오로지 왕성한 구역 곧 土가 오로지 왕성한 곳이기 때문에 계절의 끝에 있는 토土는 미월未月을 가장 왕성한 것으로 여긴다. 수水는 은밀하게 자라고, 금金은 아직 장성하지 않아 모두 쓰임이 없다.

七月建申. 申酉戌爲西方, 金氣專旺之地, 故皆藏金. 金值臨官, 故藏庚金. 金旺水生, 母旺子相, 水氣長生, 故藏壬水. 土附水生, 申亦是長生也, 故又藏戊. 若論其用, 水旺土蕩, 其力甚微, 有名無實也, 木絶火病, 均無用.

초저녁에 북두칠성의 자루가 가리키는 방향이 7월에는 신申이다. 신申·유酉·술戌은 서방으로 금기金氣가 오로지 왕성한 곳이기 때문에 금金을 감추고 있다. 금金이 임관臨官을 만났기 때문에 경금庚金을 감추고 있다. 금金이 왕성하여 수水가 생하기 때문에 어미가 왕성하여 자식이 보좌하는 것이고, 수기水氣가 장생長生하기 때문에 임수壬水를 감추고 있다. 토土가 수水를 따라 장생하여 신申도 장생하는 것이기 때문에 또 무戊를 감추고 있는 것이다. 그런데 그 쓰임을 논한다면, 수水가 왕성하고 토土가 휩쓸려가서 그 힘이 아주 미약하니, 유명무실하다. 목木은 절絶이고 화火는 병病이니, 모두 쓰임이 없다.

八月建酉, 金之旺地, 盛極將衰, 故藏辛金. 水幼稚, 木醞釀, 火死. 均無用. 若論母旺子相之理, 酉中固有癸水也.

초저녁에 북두칠성의 자루가 가리키는 방향이 8월에는 유酉인데, 금金이 왕성한 곳으로 극성하여 쇠하려고 하기 때문에 신금辛金을 감추고 있다. 수水는 어리고, 목木은 은밀하게 자라고 있으며, 화火는 사死하여 모두 쓰임이 없다. 어미가 왕성하면 자식이 보좌한다는 이치로 논하면 유酉 속에는 진실로 계수癸水가 있다.

九月建戌. 金氣雖衰, 猶有餘氣, 故藏辛金. 火迴光返, 故又藏丁火. 戌爲土寄旺之一偶, 闢十八日爲專旺之地. 土附水生申, 至戌冠帶位, 故爲陽土, 又戌陽支, 亦爲戊土, 木正醞釀, 水未長成, 均無用.

초저녁에 북두칠성의 자루가 가리키는 방향이 9월에는 술戌이니, 금기金氣가 쇠하였을지라도 여전히 남아 있는 기운이 있기 때문에 신금辛金이다. 화火는 빛을 되돌려 비추기 때문에 또 정화丁火를 감추고 있다. 술戌은 토土가 왕성한 것의 한 모퉁이에 붙어 있으면서 18일을 열어 오로지 왕성한 곳으로 삼는다. 토土는 수에 따라 신申에서 생生해 술戌의 관대冠帶에 이르렀기 때문에 양陽의 토土가 되는데, 또 술戌이 양陽의 지지地支이니, 또한 무토戊土이다. 목木은 단지 은밀하게 자라고 있고, 수水는 아직 장성하지 않아 모두 쓰임이 없다.

　拾月建亥, 亥子丑爲北方, 水氣專旺之地, 故皆藏水. 水値臨官, 故藏壬水. 母旺子相, 木氣長生故藏甲木. 火絶金病, 均無用. 土生於申, 至亥亦爲臨官之地, 但有其名, 而無其用, 故不列.

　초저녁에 북두칠성의 자루가 가리키는 방향이 10월에는 해亥인데, 해亥·자子·축丑은 북방으로 수기水氣가 오로지 왕성한 곳이기 때문에 모두 수水를 감추고 있다. 수水가 임관臨官을 만났기 때문에 임수壬水를 감추고 있다. 어미가 장성하여 자식이 보좌하고, 목기木氣가 장생하기 때문에 갑목甲木을 감추고 있다. 화火는 절絶하고 금金은 병病하여 모두 쓰임이 없다. 토土가 신申에서 생生하여 해亥 또한 임관臨官하는 곳에 오면, 이름만 있을 뿐이고 쓰임이 없기 때문에 나열하지 않았다.

　十一月建子. 水之旺地, 氣盛極將衰, 故藏癸水. 木氣幼稚, 火醞釀, 金氣死, 均無用. 土有專旺之名而無其實, 亦無用. 衡以母旺子相之理,子中固有乙木在也.

초저녁에 북두칠성의 자루가 가리키는 방향이 11월에는 자子이다. 수水의 극성한 곳으로 장성한 기운이 쇠하려고 하기 때문에 계수癸水를 감추고 있다. 목기木氣는 어리고, 화火는 은밀하게 자라고 있으며, 금기金氣는 사死하여 모두 쓰임이 없다. 토土에는 오로지 왕성한 이름만 있고 그 실질이 없어 또한 쓰임이 없다. 어미가 왕성하여 자식이 보좌한다는 이치로 저울질해 보면, 자子 속에는 진실로 을목乙木이 있다.

十二月建丑, 水氣已衰, 猶有餘氣, 故藏癸水. 金氣迴光返照, 又藏辛金. 丑爲土寄旺之一偶, 闢十八日爲專旺之地. 土生申祿亥, 至丑衰位, 故爲己土, 又丑爲陰支亦屬己土. 木未長成, 火氣醞釀, 均無用.

초저녁에 북두칠성의 자루가 가리키는 방향이 12월에는 축丑인데, 수기水氣가 이미 쇠했으나 여전히 남아 있는 기운이 있기 때문에 계수癸水를 감추고 있다. 금기金氣가 빛을 되돌려 비추고, 또 신금辛金을 감추고 있다. 축丑은 토土가 왕성한 것의 한 모퉁이에 붙어 있으면서 18일을 열어 오로지 왕성한 곳으로 삼는다. 토土가 신申에서 생生해 축丑의 쇠衰한 자리에 이르렀기 때문에 기토己土가 되는데, 또 축丑이 음의 지지이니, 또한 기토己土에 속한다. 목木은 아직 장성하지 않았고, 화기火氣는 은밀히 자라고 있어 모두 쓰임이 없다.

지지에 숨어있는 쓰임에 대한 도표

| 巳<br>庚戊丙 | 午<br>己丁 | 未<br>乙丁己 | 申<br>戊壬庚 |
|---|---|---|---|
| 辰<br>癸戊乙 | 地支藏用圖 | | 酉<br>辛 |
| 卯<br>乙 | | | 戌<br>丁辛戊 |
| 寅<br>戊丙甲 | 丑<br>辛癸己 | 子<br>癸 | 亥<br>甲壬 |

• 說明三. 木火金水, 皆以臨官帝旺, 爲極盛之時. 而陰陽之分界, 則在子午卯酉四正之中心, 卽春分秋分夏至冬至, 是也. 以時而論, 卽子正午正卯正酉正, 是也. 以逐月分配便利之故, 劃分於上下兩月. 譬如午時十二時以前, 猶是丙火, 十二時之後, 方是丁火也.

• 설명3: 목木·화火·금金·수水는 모두 임관臨官과 제왕帝旺을 극성한 때로 여긴다. 그러나 음陰과 양陽의 경계는 자子·오午·묘卯·유酉 사정四正의 중심에 있으니, 곧 춘분·추분·하지·동지가 여기에 해당한다. 하루의 때로 논하면 곧 자정子正·오정午正·묘정卯正·유정酉正이 여기

에 해당한다. 월을 따라 분배하면 편리하기 때문에 상하 두 달로 구분한다. 예를 든다면, 오시午時 12시 이전은 여전히 병화丙火이고, 12시 이후는 정화丁火인 것이다.

臨官帝旺同名爲祿. 陽干以臨官爲祿. 陰干以帝旺爲祿. 陰陽二干至此爲最旺之處, 故特表明之. 陽干至帝旺位, 則名爲刃. 刃者, 劫之半邊字, 以旺逾其位, 與劫才敗才有不同, 故以半邊字別之.

임관臨官과 제왕帝旺은 동일하게 록祿으로 이름 붙인다. 양간陽干은 임관臨官을 록祿으로 하고, 음간陰干은 제왕帝旺을 록祿으로 하니, 음과 양 두 천간은 여기에 오면 가장 왕성한 곳이기 때문에 특히 표를 그려서 밝혔다. 양간이 제왕의 자리에 오면 인刃이라고 이름 붙인다. 인刃은 겁劫자의 반쪽 글자로 왕성해서 제자리를 넘어간 것으로 겁재劫才나 패재敗才와는 같지 않기 때문에 반쪽 글자로 구분했다.

若平常甲見乙爲劫, 乙見甲爲敗, 皆不名刃. 獨甲至卯, 丙至午, 庚至酉, 壬至子, 乃名爲刃. 所以別於劫敗也. 陰干逾其位, 則衰, 故無刃. 墓又名庫, 藏覆之義.

일상적으로 갑甲이 을乙을 본다면 겁劫이고, 을乙이 갑甲을 본다면 패敗인데, 모두 인刃이라고 부르지 않는다. 유독 갑甲이 묘卯에,

병丙이 오午에, 경庚이 유酉에 임壬이 子에 와야 인刃이라고 이름붙이니, 겁刼이나 패敗와 구분하기 위한 것이다. 음간은 제자리를 넘어가면, 쇠하기 때문에 인刃이 없다. 묘墓는 또 고庫라고 이름붙이니, 숨겨서 가린다는 의미이다.

# 제2편

## 연습방법 『자평진주평주』참조

[排演程式 參閱子平眞詮評註]

# 1. 60갑자[六十甲子]

　內經曰, 天氣始於甲, 地氣始於子. 以甲加子, 挨次排列, 歷六十位, 而干與支齊, 名六十甲子. 天氣在天流行之氣也, (卽天干) 地氣四時氣候之序(卽地支), 年十二月從甲年起甲子月, 經五年得六十個月而一周, 日十二時, 從甲日起甲子時, 經五日得六十時而一周, 茲將六十甲子排列如左.

　『내경』에서 말하였다: 하늘의 기운은 갑甲에서 시작하고 땅의 기운은 자子에서 시작한다. 갑甲에 자子를 붙이면서 차례대로 배열하여 60자리를 지나면 천간과 지지가 가지런하게 되니 60갑자甲子라고 이름 붙인다. 하늘의 기운은 하늘에서 흘러가는 기운(곧 천간天干)이고, 땅의 기운은 네 계절의 기후의 순서(곧 지지地支)이다. 일년 열두 달은 갑년甲年 갑자월甲子月에서 시작하여 5년인 60개월을 지나 한 바퀴 돌고, 하루 12시진時辰은 갑일甲日 갑자시甲子時에서 시작하여 5일인 60시진을 지나 한 바퀴 되니, 이에 60갑자를 다음처럼 배열한다.

甲子 乙丑 丙寅 丁卯 戊辰 己巳 庚午 辛未 壬申 癸酉
甲戌 乙亥 丙子 丁丑 戊寅 己卯 庚辰 辛巳 壬午 癸未
甲申 乙酉 丙戌 丁亥 戊子 己丑 庚寅 辛卯 壬辰 癸巳
甲午 乙未 丙申 丁酉 戊戌 己亥 庚子 辛丑 壬寅 癸卯
甲辰 乙巳 丙午 丁未 戊申 己酉 庚戌 辛亥 壬子 癸丑
甲寅 乙卯 丙辰 丁巳 戊午 己未 庚申 辛酉 壬戌 癸亥
갑자 을축 병인 정묘 무진 기사 경오 신미 임신 계유
갑술 을해 병자 정축 무인 기묘 경진 신사 임오 계미
갑신 을유 병수 정해 무자 기축 경인 신묘 임진 계사
갑오 을미 병신 정유 무수 기해 경자 신축 임인 계묘
갑진 을사 병오 정미 무신 기유 경술 신해 임자 계축
갑인 을묘 병진 정사 무오 기미 경신 신유 임술 계해

甲子始於黃帝. 史載黃帝命大撓氏探五行之情, 占斗柄所建, 始作甲子. 以天干地支分陰分陽, 經緯五運六氣, 符造化之原, 迎日推策, 以定歲時. 積四千六百一十七年, 日月皆無餘分. 却得十一月甲子朔子正, 適交冬至, 是爲甲子年甲子月甲子日甲子時之原起. 相傳如是, 其所以然之故, 非我人所知矣. (四六一七年算數不符)

60갑자는 황제黃帝에서 시작되었다. 역사책에 '황제가 대요씨大撓氏에게 오행五行의 실정을 탐구하여 북두칠성의 방향을 점치도록 해서 비로소 60갑자를 만들었다'고 실려 있다. 천간과 지지를 음과 양으로 나누고 오운五運과 육기六氣를 경위經緯로 조화의 근원에 합치하게 해서 해[日]와 책수를 미루고 헤아려 세시歲時를 정함에 4,617년 쌓으니, 해와 달에 모두 여분이 없었다. 또한 11월 갑자일인 초하루 자정을 얻어 동지와 교차시키니, 바로 갑자년 갑자월 갑자일 갑자시의 기원이다. 이렇게 서로 전해주고 있으나 그 이유는 우리가 알 수 있는 것이 아니다. (4,617년의 산술은 부합하지 않음)

甲子年起甲子月者, 從周正建子立論. 舊曆從夏, 以寅月爲建首, 甲子月乃上年之十一月也. 舊曆法陰陽會合, 朔望依太陰, 節氣依太陽, 命理之根據, 專論節氣, 不論朔望, 另列於下.

갑자년에 갑자월을 세우는 것은 주나라의 정월이 자월子月인 것에 따라 입론한 것이다. 옛날 책력은 하나라를 따라 인월寅月을 시작으로 하였으니, 갑자월은 바로 한 해의 11월이다. 옛날 역법은 음양을 합해 초하루와 보름은 태음太陰을 따르고 절기는 태양太陽을 따랐다. 그러나 명리의 근거로는 오로지 절기節氣를 논하고 초하루와 보름을 논하지 않았으니, 따로 다음과 같이 구별한다.

## 월건(月建)

| 正月 | 建寅 | 立春 | 雨水 | 二月 | 建卯 | 驚蟄 | 春分 | 三月 | 建辰 | 清明 | 穀雨 | 春 |
|---|---|---|---|---|---|---|---|---|---|---|---|---|
| 四月 | 建巳 | 立夏 | 小滿 | 五月 | 建午 | 芒種 | 夏至 | 六月 | 建未 | 小暑 | 大暑 | 夏 |
| 七月 | 建申 | 立秋 | 處暑 | 八月 | 建酉 | 白露 | 秋分 | 九月 | 建戌 | 寒露 | 霜降 | 秋 |
| 十月 | 建亥 | 立冬 | 小雪 | 十一月 | 建子 | 大雪 | 冬至 | 十二月 | 建丑 | 小寒 | 大寒 | 冬 |

以交入立春節爲今年正月, 不論立春之在去年歲底, 抑在今年正月何日也. 以交進驚蟄節爲二月, 交進淸明節爲三月. 純粹依據節氣推算, 朔望非所論. 舊歷三年一閏月, 五年再閏, 然命理依照節氣, 自無閏月. (逢閏月照節氣, 分屬於上下兩月) 今曆法雖改, 節氣仍在, 故於命理無關係也. (新曆依據太陽, 節氣皆有一定日期推算更便) 立春驚蟄淸明爲節. 雨水春分穀雨爲中氣. 一節一氣, 是爲一月. 以日起時, 五日一周, 名爲一候. 月得六候, 一年七十二候, 二十四節氣, 十二個月, 此其大槪也.

입춘절에 들어가는 때를 정월로 삼고, 입춘이 작년에 어디에 있었는지 또한 금년의 정월이 어느 때인지는 논하지 않는다. 경칩절에 가면 2월이고, 청명절에 나아가면 3월이다. 순수하게 절기節氣에 따라 계산하고 초하루와 보름은 논하지 않는다. 옛날 역법에서는 3년

## 양력 절기 대조표 [國歷節氣對照表]

| 一月 | | 二月 | | 三月 | | 四月 | | 五月 | | 六月 | |
|---|---|---|---|---|---|---|---|---|---|---|---|
| 小寒 | 大寒 | 立春 | 雨水 | 驚蟄 | 春分 | 淸明 | 穀雨 | 立夏 | 小滿 | 芒種 | 夏至 |
| 五日或六日 | 廿日或廿一日 | 四日或五日 | 十九日或廿日 | 六日或七日 | 廿一日或廿二日 | 五日或六日 | 廿日或廿一日 | 六日或七日 | 廿一日或廿二日 | 六日或七日 | 二十二日 |

| 七月 | | 八月 | | 九月 | | 十月 | | 十一月 | | 十二月 | |
|---|---|---|---|---|---|---|---|---|---|---|---|
| 小暑 | 大暑 | 立秋 | 處暑 | 白露 | 秋分 | 寒露 | 霜降 | 立冬 | 小雪 | 大雪 | 冬至 |
| 七日或八日 | 廿三日或廿四日 | 八日或九日 | 廿三日或廿四日 | 八日或九日 | 廿三日或廿四日 | 八日或九日 | 二十四日 | 七日或八日 | 廿二日或廿三日 | 七日或八日 | 廿二日或廿三日 |

에 윤달을 한 번, 5년에 윤달을 두 번 두었으나, 명리는 절기를 따르니 본래 윤달이 없다. (윤달일 때도 절기에 따라 상하 두 달에 나눠 소속시킴) 현재의 역법은 개정되었을지라도 절기는 그대로 있기 때문에 명리와는 무관하다. (새로운 역법은 태양에 따라 절기에 모두 일정한 기간을 두고 바로 추산함) 입춘·경칩·청명은 절節이고, 우수·춘분·곡우는 중간의 기氣이다. 한 번은 절節이 되고 한 번은 기

氣가 되면 한 달이다. 날로 시진을 세우면, 5일에 한 바퀴 도는 것을 1후一候라고 이름 붙인다. 한 달은 6후, 1년은 72후이고, 24절기가 12개월이니, 이것이 그 대략이다.

　以年起月, 五年方得一周, 以日起時, 五日方得一周. 假如今年丁丑七月, 須從 甲戌年甲子月推起, 今日丙寅午時, 亦須從甲子日甲子時挨排而下, 未免過於周折. 後人爲便利起見, 立遁干之法, 名爲截法. 日從子時起, 名五鼠遁, 年從正月起, 名五虎遁, 其實一也.

　해에서 월을 세우는 것은 5년에 한 바퀴 돌고, 날에서 시를 세우는 것은 5일에 한 바퀴 돈다. 그런데 가령 올해 정축丁丑년 7월은 갑술甲戌년 갑자甲子월에서 추산하여 세우고, 오늘 병인丙寅일 오시午時도 갑자甲子일 갑자甲子시에서 순서대로 헤아려서 하면, 지나치게 고심하지 않을 수 없으니, 후대의 사람들이 편리하게 둔간법遁干法을 세워 절법截法이라고 이름붙였다. 하루를 자시子時에서 세우는 것은 오서둔五鼠遁이라고 이름붙이고 한 해를 정월에서 세우는 것을 오호둔五虎遁이라고 이름붙이는데, 그 내용은 한 가지이다.

### 五 鼠 遁 歌 訣
甲己還加甲, 乙庚丙作初, 丙辛從戊起,
丁壬庚子居, 戊癸何方發, 壬子是前途.

甲日起甲子時, 十二時周轉, 乙日必是丙子時, 丙日必是戊子時, 丁日必是庚子時, 戊日必是壬子時, 挨排而下, 一定之序也. 經五日而六十甲子完畢. 己日再從甲子起, 與甲日同, 庚日又起丙子, 與乙日同. 故甲己日之子時, 還從甲起, 乙庚日之子時 以丙作初. 辛日又起戊子, 與丙日同, 壬日又起庚子, 與丁日同, 癸日又起壬子, 與戊日同. 故云 丙辛日從戊子起, 丁壬日起庚子, 戊癸日從壬子時起.

## 오 서 둔 가 결

갑기환가갑, 을경병작초, 병신종무기,
정임경자거, 무계하방발, 임자시전도.

갑일甲日에는 갑자시甲子時를 세워 12시진을 한 바퀴 도니, 을일乙日에는 반드시 병자시丙子時로, 병일丙日에는 반드시 무자시戊子時로, 정일丁日에는 경자시庚子時로, 무일戊日에는 반드시 임자시壬子時로 차례대로 가는 것이 일정한 순서이다. 5일을 지나면 60갑자가 완전히 끝난다. 기일己日에는 다시 갑자시甲子時에서 시작하니, 갑일甲日과 같고, 경일庚日에는 또 병자丙子에서 시작하니, 을일乙日과 같다. 그러므로 갑기일甲己日의 자시子時는 다시 갑甲에서 시작하고, 을경일乙庚日의 자시子時는 병丙에서 시작한다. 신일辛日에는 또 무자戊子에서 시작하니, 병일丙日과 같고, 임일壬日에는 또 경자庚子에서 시작하니, 정일丁日과 같으며, 계일癸日에는 또 임자壬子에서 시작하니 무일戊日과 같다. 그러므로 '병신일丙辛日에는 무자戊子에서, 정임일丁壬日에는 경자庚子에서, 무계일戊癸日에는 壬子時에서 시작한다'고 하였다.

### 五虎遁歌訣
甲己之年丙作首, 乙庚之歲戊爲頭, 丙辛歲首尋庚起,
丁壬壬寅順行流, 若言戊癸何方發, 甲寅之上好追求.

曆法建寅爲歲首, 甲年以甲加子, 除甲子乙丑兩月, 歸入上年外, 以丙寅爲正月. 乙年除丙子丁丑兩月, 歸入上年外, 以戊寅爲正月. 此因建首之不同, 非遁法有異也. 己年同甲年, 庚年同乙年, 餘可類推. (丙辛年起庚寅, 丁壬年起壬寅, 戊癸年起甲寅) 生肖子屬鼠, 寅屬虎, 故名五鼠遁, 及五虎遁, 附表於下.

### 오호둔가결
갑기지년병작수, 을경지세무위두, 병신세두심경기,
정임임인순행류, 양경무계하방발, 갑인지상호추구.

역법에서는 인월寅月을 한 해의 시작으로 하는데, 갑년甲年에는 갑甲을 자子에 붙이니, 갑자甲子·을축乙丑 두 달을 지난해에 넣어 제외하고 병인丙寅을 정월로 한다. 을년乙年에는 병자丙子·정축丁丑 두 달을 지난해에 넣어 제외하고 무인戊寅을 정월로 한다. 이렇게 첫 달의 시작이 다른 것은 둔법遁法에 차이가 있기 때문이 아니다. 기년己年은 갑년甲年과 같고, 경년庚年은 을년乙年과 같으니, 나머지는 동일하게 미루어나가면 된다. (병신년丙辛年에는 경인庚寅에서 시작하고, 정임년丁壬年에는 임인壬寅에서 시작하며, 무계년戊癸年에는 갑인甲寅에서 시작함) 12지지의 상징에서 자子는 쥐에 속하고 인寅은 호랑이에 속하기 때문에 오서둔五鼠遁과 오호둔五虎遁으로 이름 붙여 아래에 표로 첨부하였다.

### 일의 시진과 연의 월 시작하는 표[日上起時年上起月表]

| | | | | | | | | | | 時 從 子 位 起  시진[時]은 자子의 자리[位]에서 | |
| | | | | | | | | | | 月 從 寅 位 起  월月은 인寅의 자리에서 시작함 | |
| 亥 | 戌 | 酉 | 申 | 未 | 午 | 巳 | 辰 | 卯 | 寅 | 丑 | 子 | 月·時 \ 年·日 |
| 乙 | 甲 | 癸 | 壬 | 辛 | 庚 | 己 | 戊 | 丁 | 丙 | 乙 | 甲 | 己 | 甲 |
| 丁 | 丙 | 乙 | 甲 | 癸 | 壬 | 辛 | 庚 | 己 | 戊 | 丁 | 丙 | 庚 | 乙 |
| 己 | 戊 | 丁 | 丙 | 乙 | 甲 | 癸 | 壬 | 辛 | 庚 | 己 | 戊 | 辛 | 丙 |
| 辛 | 庚 | 己 | 戊 | 丁 | 丙 | 乙 | 甲 | 癸 | 壬 | 辛 | 庚 | 壬 | 丁 |
| 癸 | 壬 | 辛 | 庚 | 己 | 戊 | 丁 | 丙 | 乙 | 甲 | 癸 | 壬 | 癸 | 戊 |

月從寅位起, 故甲己年起丙寅, 至丙子丁丑爲一年, 乙庚年起戊寅, 至戊子己丑爲一年. 時從子位起, 故甲己日起甲子, 至甲戌乙亥爲一日, 乙庚日起丙子, 至丙戌丁亥爲一日. 時從子正起, 故丙子時之上半時, 仍屬甲日, 見下夜子時.

월月은 인인寅의 자리에서 시작하기 때문에 갑기년甲己年은 병인丙寅에서 시작하여 병자丙子·정축丁丑이 되면 1년이고, 을경년乙庚年은 무인戊寅에서 시작하여 무자戊子·기축己丑이 되면 1년이다. 시時는 자子의 자리에서 시작하기 때문에 갑기일甲己日은 갑자甲子에서 갑술甲戌·을해乙亥가 되면 하루이고, 을경일乙庚日은 병자丙子에서 시작하여 병술丙戌·정해丁亥가 되면 하루이다. 시時는 자정子正에서 시작하기 때문에 병자시丙子時의 절반은 여전히 갑일甲日에 속하니, 아래의 「야자시夜子時」를 참조.

## 2. 사주[四柱]

年月日時名爲四柱. 六十甲子, 古人原以紀年紀日. (干爲歲陽, 支爲歲陰, 與命理無關, 從略) 年與日之干支, 從黃帝紀元, 逐年挨排而下, 故非檢查萬年曆不可. 年十二月, 日十二時, 有一定次序, 以支遁干, 亦有一定之法, 可推算, 詳上五鼠遁, 五虎遁.

연年・월月・일日・시時를 사주四柱 라고 이름 붙인다. 60갑자는 옛 사람들이 원래 연年을 기록하고 일日을 기록하던 것이다. (천간이 양이고 지지가 음인 것은 명리와는 무관하니 생략함) 연과 날의 간지는 황제黃帝에서 기원하여 연을 따라 차례대로 내려왔기 때문에 만세력萬年曆을 참조하지 않으면 안 된다. 한 해는 12달이고 하루는 12시진인 것에는 일정한 순서가 있고, 지지로 천간을 헤아리는 데도 일정한 법칙이 있어 추산할 수 있으니, 위의 「오서둔五鼠遁」과 「오호둔五虎遁」에서 자세히 설명하였다.

八字分爲四柱, 凡人當生之年, 名爲年命. 如今年歲値丁丑, 今年生人, 卽以丁丑爲第一柱.

　　팔자는 사주로 나눠지는데, 사람이 태어난 해를 연명年命이라고 이름 붙인다. 이를테면 올해가 정축년丁丑年이라면, 올해 태어난 사람은 곧 정축丁丑을 첫 번째 주柱로 한다.

# 3. 정축[丁丑]

- **說明.** 所値之年, 名爲太歲, 當生之年, 名當生太歲. 如丁丑生, 卽以丁丑爲當生太歲也. 所經歷之年名流年, 又名游行太歲. 或逐年太歲.
- **설명:** 만난 해를 태세太歲라고 이름붙이니, 태어난 해에 해당하면 이름이 태어난 태세이다. 정축년丁丑年에 태어났다면 곧 정축년이 태어난 태세에 해당한다. 흘러가는 해는 유년流年이라고 이름붙이고 또 흘러가는 태세나 혹 따라가는 해의 태세라고 이름 붙인다.

從年推月, 用五虎遁. 假使丁丑年七月生, 口訣丁壬壬位順行流. 則知正月起壬寅, 至七月爲戊申月也, 卽以戊申爲二柱.

해에 따라 달을 미루는데 오호둔五虎遁을 사용한다. 가령 정축년丁丑年 7월에 태어났을 경우, 구결에서 정임丁壬은 임壬의 자리에서 순서대로 흘러간다. 그렇다면 정월이 임인壬寅에서 시작하고, 7월이 되면 무신월戊申月이라는 것을 아니, 곧 무신戊申이 두 번째 주柱이다.

戊　丁
申　丑

月建從節氣不論朔望. 查丁丑年七月初三丁卯辰正立秋. 假使生於七月初三日卯時, 乃爲六月而非七月, 月建爲丁未非戊申也.

월건月建은 절기를 따르고 초하루와 보름을 논하지 않는다. 만세력萬年曆을 찾아보면 정축년丁丑年 7월 3일 정묘일丁卯日 진시辰時 중앙이 입추立秋이다. 그래서 가령 7월 3일 묘시卯時에 태어났다면, 아직 6월이지 7월이 아니기 때문에 월건月建은 정미丁未이지 무신戊申이 아니다.

- **說明.** 丁丑年立春, 在丙子年十二月廿三日未初二刻. 假定生於丙子年十二月廿三日初二刻之後, 卽爲丁丑年正月而非丙子年十二月也. 反之, 如戊寅年立春, 在正月初五日丁卯戌初, 若生於正月初五日酉時. 猶爲丁丑年十二月而非戊寅年正月. 詳下第五篇人元用事多寡及分野

- **설명:** 정축년丁丑年의 입춘立春은 병자년丙子年 12월 23일 30분이다. 그래서 병자년 12월 23일 30분 이후에 태어났다고 가정한다면, 곧 정축년 정월이지 병자년 12월이 아니다. 이와 반대로 무인년戊寅年의 입춘은 1월 5일 정묘일丁卯日 술시戌時 앞자락이니, 1월 5일 유시酉時에 태어났다면 여전히 정축년 12월이지 무인년 정월이 아니다.

아래의 제5편 「인원용사다과人元用事多寡」와 「분야分野」에서 자세히 설명하겠음.

 日之干支, 須檢萬年曆. 假使生於丁丑年七月初七月, 查萬年曆七月初一爲乙丑日, 則挨次排下, 初七爲辛未日也. 列第三柱.

 날[日]의 간지干支는 반드시 만세력萬年曆을 참조해야 한다. 가령 정축년丁丑年 7월 7일에 태어났을 경우, 만세력을 찾아보면 7월 1일이 을축일乙丑日이니, 차례대로 따라 내려가면 7일이 신미일辛未日이다. 그래서 세 번째 주柱를 배열한다.

辛 戊 丁
未 申 丑

- **說明.** 子平法論命, 以日爲主, 故名日主, 又名日元.
- **설명:** 자평법에서는 운명을 논할 경우에 생일을 위주로 하기 때문에 일주日主라고 이름붙이고 또 일원日元이라고 이름 붙인다.

 假令生於丁丑年七月初七日午時, 初七日爲辛未日. 由日遁時, 用五鼠遁, 丙辛從戊起. 辛日起戊子時, 挨次排下, 至午爲甲午. 列第四柱.

 가령 정축년 7월 7일 오시午時에 태어났다면, 7일이 신미일辛未日

이다. 날을 가지고 시진을 헤아리기 때문에 오서둔五鼠遁을 사용하면, 병신丙辛은 무에서 시작한다. 신일辛日은 무자戊子에서 시작하여 차례대로 따라가면 오무가 갑오甲午가 된다. 그래서 네 번째 주柱를 배열한다.

甲 辛 戊 丁
午 未 申 丑

# 4. 윤달[閏月]

月建只論節氣, 不論朔望, 故無所謂閏月. 假令生於閏月之中, 查其節氣, 知其爲何月. 假令生於戊寅年閏七月十五日未時, 查萬年曆戊寅年閏七月十五日癸卯申時白露節, 則十五日未時尙爲七月. 若生在十五日酉時, 則爲八月節如下.

| 戊寅年閏七月十五日未時 | 戊寅年閏七月十五日酉時 |
|---|---|
| 己 癸 庚 戊 | 辛 癸 辛 戊 |
| 未 卯 申 寅 | 酉 卯 酉 寅 |

 월건은 절기만 논할뿐이고 초하루와 보름은 논하지 않기 때문에 윤달은 말할 것이 없다. 가령 윤달에 태어났다면 절기를 찾아보면 어느 달인지 알게 된다. 무인년戊寅年 윤칠월閏七月 15일 미시未時에 태어났을 경우, 만세력을 찾아보면 무인년戊寅年 윤칠월閏七月

15일 계묘癸卯일 신시申時가 백로절白露節이니, 15일 미시는 여전히 7월이다. 15일 유시酉時에 태어났다면 다음처럼 8월의 절기이다.

    무인년 윤칠월 십오일 미시    무인년 윤칠월 십오일 유시
        己 癸 庚 戊           辛 癸 辛 戊
        未 卯 申 寅           酉 卯 酉 寅

# 5. 야자시[夜子時]

年與年之間, 以立春爲分界, 故交入立春節, 卽爲今年之正月. 日與日之間, 以子正爲分界, 子正之前, 猶是昨已, 名夜子時, 子正之後, 方是今日子時.

연년과 연년은 입춘立春을 경계로 하기 때문에 입춘절에 들어가면 바로 금년의 정월正月이 된다. 일일과 일일은 자정子正을 경계로 하는데, 자정 이전은 어제와 같을 뿐이어서 야자시夜子時라고 이름붙이니, 자정 이후가 오늘의 자시子時이다.

• 說明. 曆法十二時, 每時分爲初四刻正四刻共八刻, 每刻十五分, 夜子時者, 子初四刻也. 如民國二十二年癸酉閏五月十五日甲戌夜子初二刻, 小暑節. 所謂夜子初二刻九分者, 卽十五日夜間十一時三十九分鐘也, 子正之後. 爲十六日乙亥. 因交小暑節在子正之前, 故猶爲十五日甲戌之夜半，作甲戌日丙子時列式．蓋時之干支本屬挨排而下，已在甲戌日乙亥時之後，故起丙子．假如生於是年閏五月十五日十一時一刻，或生在十一時三刻，以及十二時一刻，其式迥不相同．

- **설명:** 역법에서 12시진時辰은 각 시진을 초사각初四刻과 정사각正四刻 모두 팔각八刻으로 나누어 하나의 각刻이 15분씩이니, 야자시夜子時는 자시진子時辰의 초사각初四刻이다. 이를테면 중화민국 22년 계유년癸酉年 윤오월閏午月 15일 갑술일甲戌日 야자夜子 초이각初二刻은 소서절小暑節이다. 이른바 야자夜子 초이각初二刻 구분九分은 곧 15일 밤 11시 39분이고, 자정 이후는 16일은 을해일乙亥日이다. 소서절小暑節로 들어가는 시점이 자정의 앞에 있기 때문에 여전히 15일 갑술일의 깊은 밤은 갑술일 병자시丙子時로 해서 배열하는 방식이다. 시진時辰의 간지는 본래 차례대로 배열하는 데에 소속시킨 것으로 이미 갑술일 을해시乙亥時의 뒤에 있기 때문에 병자시丙子時가 시작된 것이다. 가령 같은 해 윤오월 15일 밤 11시 15분에 태어나거나 혹 11시 45분 및 12시 15분에 태어났다면 그 방식은 아주 서로 같지 않다.

| 十五日夜十一時一刻 | 十五日夜十一時三刻 | 十五日夜十二時一刻 |
| --- | --- | --- |
| 甲 戊 癸 | 甲 己 癸 | 乙 己 癸 |
| 戌 午 酉 | 戌 未 酉 | 亥 未 酉 |
| 未交小暑節, 尙爲五月. | 己交入六月節, 故爲己未月. 未交子正. 仍爲甲戌日. | 子正之後, 故爲乙亥日. |

| 15일 밤 11시 15분 | 15일 밤 11시 45분 | 15일 밤 12시 15분 |
| --- | --- | --- |
| 甲 戊 癸 | 甲 己 癸 | 乙 己 癸 |
| 戌 午 酉 | 戌 未 酉 | 亥 未 酉 |
| 아직 소서절이 되지 않아 여전히 5월임. | 이미 6월절로 들어섰기 때문에 기미월임. 아직 자정이 되지 않아 여전히 갑술일임. | 자정 이후이기 때문에 을해일임. |

　今郵電計時, 均以二十四小時爲一日, 以夜半零分爲一日之起點, 至二十四時足爲一日之終點, 其分配法與曆法相合. 此排列四柱所必須注意者, 看法另詳下編.

　요즘은 전자시계를 걸어놓고 모두 24시를 하루로 여기고, 한밤중의 0분을 하루의 기점으로 삼아 24시가 되면 하루의 끝이 되기에 충분하니, 그 배치법이 역법과 서로 부합한다. 여기서 사주를 배열하는 데에 반드시 주의할 점은 하나의 견해로 따로 하편에서 자세히 설명하겠다.

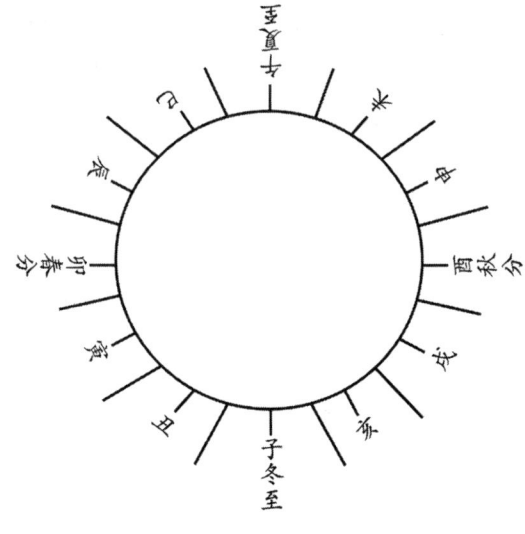

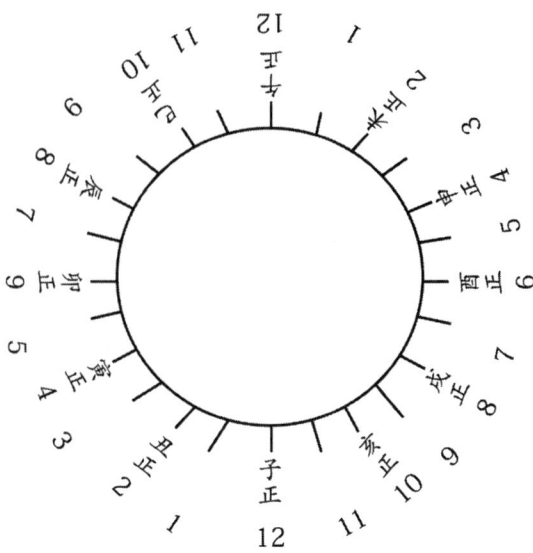

야자시에 대한 도표[夜子時圖]

# 6. 육신[六神]

六神者, 尅我, 我尅, 生我, 我生, 及同類, 自身, 并而爲六也.

육신六神은 나를 극하는 것, 내가 극하는 것, 나를 낳는 것, 내가 낳는 것, 나와 같은 것, 나 자신으로 모두 여섯이다.

(一) 尅我者, 爲官, 分爲二.
陽尅陰, 陰尅陽者, 爲正官.
陽尅陽, 陰尅陽者, 爲偏官, 又名七煞.

(1) 나를 극剋하는 것은 관官으로 둘로 나눈다.
양陽이 음陰을 극하고 음이 양을 극할 경우에는 정관正官이다.
양이 양을 극하고 음이 음을 경할 경우에는 편관偏官으로 칠살七煞이라고도 한다.

- **說明.** 兩干相剋, 氣和情協, 喜其生旺, 不畏其剋者, 均名爲官. 陽剋陰, 陰剋陽, 名正官, 陽剋陽, 陰剋陰, 名偏官. 若畏其剋者, 須印化之, 或食傷制之者, 均名爲煞. 故偏官名煞, 官多亦作煞論. 天干距七位則相剋, 故名七煞 (支隔七位爲沖卽剋也)

- **설명:** 두 천간이 서로 극하는데, 기운과 마음이 화합하고 호응하여 생왕生旺을 반기고 극을 두려워하지 않는 것은 모두 정관正官이라고 한다. 양이 음을 극하고 음이 양을 극하는 것을 정관이라고 하고, 양이 양을 극하고 음이 음을 극하는 것을 편관이라고 한다. 극을 두려워 할 경우에는 반드시 인수로 조화롭게 하고, 혹 식상食傷이 제재할 경우에도 모두 살煞이라고 한다. 그러므로 편관을 살煞이라고 하고, 관官이 많아도 살煞로 논한다. 천간은 일곱 자리를 간격으로 서로 극하기 때문에 칠살七煞이라고 한다. (지지는 일곱 자리를 간격으로 충沖 곧 극剋임)

(二) 生我者, 爲印綬, 分爲二.
　　陽生陰, 陰生陽者, 爲正印.
　　陽生陽, 陰生陰者, 爲偏印, 又名倒食, 梟印.

(2) 나를 생하는 것은 인수印綬로 둘로 나눈다.
　　양이 음을 생하고 음이 양을 생하는 것은 정인正印이다.

양이 양을 생하고 음이 음을 생하는 경우에는 편인偏印으로 도식倒食, 효인梟印이라고도 한다.

- **說明.** 日元弱, 宜印相生. 不論偏正, 皆爲有益之物. 日元强, 喜食神之洩, 見偏印奪食, 名爲倒食. 又名爲梟印, 因食神爲子, 梟有食子之義也.
- **설명:** 일원日元이 약하면 인수印綬가 서로 생해 주어야 한다. 편인偏印과 정인正印을 따지지 않는 것은 모두 유익하기 때문이다. 일원이 강하면 식신으로 누설되는 것을 반기고, 편인이 식신을 빼앗아가는 것을 보면 도식倒食이라고 한다. 또 효인梟印이라고 하는 것은 식신이 자식인데 올빼미[梟]가 자식을 잡아먹는 의미가 있기 때문이다.

陽干之正印, (如甲木見癸印) 不能奪食, 陰干之正印, 與食相合, 亦不奪食, 故倒食梟印之名, 僅偏印有之.

(갑목甲木이 계수癸水 인수印綬를 보는 것처럼) 양간陽干의 정인正印은 식신食神을 빼앗아 갈 수 없고, 음간陰干의 정인은 식신과 서로 화합하여 또한 식신을 빼앗아 가지 못하기 때문에, 도식倒食과 효인梟印이라는 이름이 거의 편인偏印에 있다.

(三) 我尅者, 爲財, 分二.
　　陽尅陰, 陰尅陽者, 爲正財.
　　陽尅陽, 陰尅陰者, 爲偏財.
(3) 내가 극하는 것은 재財로 둘로 나눈다.
　　양이 음을 극하고 음이 양을 극하는 것은 정재正財이다.
　　양이 양을 극하고 음이 음을 극하는 것은 편재偏財이다.

- **說明**. 陽尅陰者, 干必相合 (如甲木尅己土, 甲己相合) 爲自我之財, 故名正財. (此專就陽干立論. 陰尅陽如乙木尅戊土, 卽不相合. 命理中專就陽干立論者, 甚多, 不僅此一端也) 陽尅陽, 陰尅陰, 其情不協, 爲他人之財, 故名偏財.

- **설명:** 양이 음을 극하는 것은 (갑목甲木이 기토己土를 극해 갑甲과 기己가 서로 합하는 것처럼) 천간이 반드시 서로 합하여 자기 자신의 재財가 되기 때문에 정재正財라고 한다. (이것은 단지 양간으로 논리를 전개한 것임. 을목乙木이 무토戊土를 극하는 것처럼 음이 양을 극하면 곧 서로 합하지 않음. 명리에서는 오로지 양간으로 논리를 전개하는 것이 아주 많으니, 여기의 한 부분만은 아님) 양이 양을 극하고 음이 음을 극하면 그 마음이 서로 화합하지 않아 다른 사람의 재財가 되기 때문에 편재偏財라고 하였다.

(四) 我生者, 爲食神傷官, 簡稱食傷, 分爲二.

　　陽生陽, 陰生陰者, 爲食神.

　　陽生陰, 陰生陽者, 爲傷官.

(4) 내가 생하는 것은 식신食神과 상관傷官으로 간략히 식상 食傷이라고 하니, 둘로 나눈 것이다.

　　양이 양을 생하고 음이 음을 생하는 것은 식신食神이다.

　　양이 음을 생하고 음이 양을 생하는 것은 상관傷官이다.

- **說明.** 五行生尅, 皆以陰陽配合爲和, 如磁電之氣, 異性相吸, 同性相拒也. 獨有我所生者, 以同性爲和, 如父子母女, 情性接近, 於自然也. 傷官者, 傷害官星也. 陽干食神與官相合, 傷而不傷. 陰干食神, 以陰尅陽, 不能傷害官星, 非若傷官之正尅官星, 必害無疑也.

- **설명:** 오행의 생과 극은 모두 음양의 배합을 화합으로 여기니, 자석의 기운이 다른 극은 서로 당기고 같은 극은 서로 거부하는 것과 같다. 그런데 유독 내가 생하는 것은 같은 성을 화합으로 여기니, 부자父子나 모녀母女의 마음이 서로 가까운 것은 저절로 그런 것과 같다. 상관傷官은 관성官性을 해치는 것이다. 양간陽干 식신食神은 관과 서로 합하니, 해치면서도 해치는 것이 아니다. 음간陰干 식신食

神은 음으로 양을 극해 관성을 해칠 수 없으니, 상관이 바로 관성을 극하여 반드시 해치는 것을 의심할 여지가 없는 것과 같지 않다.

食神爲我之食祿, 故又名天廚, 又名壽星.
傷官, 一名盜氣.
식신食神은 나의 식록食祿이기 때문에 천주天廚라고 하기도 하고 수성壽星이라고 하기도 한다.
상관傷官은 한편으로 도기盜氣라고 한다.

(五) 同類爲比肩刼才, 簡稱比刼, 亦分爲二.
　　陽見陽, 陰見陰者, 爲比肩.
　　陽見陰, 陰見陽者, 爲刼才, 又名敗財.

(5) 나와 같은 것은 비견比肩과 겁재刼才로 간략히 비겁比刼이라고 하니, 또한 둘로 나눈 것이다.
　양이 양을 보고 음이 음을 보는 것은 비견比肩이다.
　양이 음을 보고 음이 양을 보는 것은 겁재刼才로 또 패재敗財라고 한다.

- **說明.** 並肩相比, 故名比肩. 陰見陽, 陽見陰, 亦是同類. 特有 分財之氣, 故名刦財敗財.
- **설명:** 함께 어깨를 나란히 하고 서로 가깝기 때문에 비견이라고 한다. 음이 양을 보고 양을 음을 보는 것도 나와 같은 것인데, 단지 재財를 나누는 기운이 있기 때문에 겁재刦財와 패재敗財라고 하였다.

甲見乙卯, 丙見丁午, 戊見己午己未, 庚見辛酉, 壬見癸子, 名爲陽刃. 但必與支相連. (干乙支卯或年干丁月支午) 在地支生旺之程序上, 過於祿位, 爲旺逾其度, 故名爲刃. 刃者, 刦之半邊字, 較刦尤旺之記號也. 惟陽干有之, 故名陽刃. 若單見干而無支, 是爲刦才敗才, 非刃也.

갑甲이 을乙과 묘卯를, 병丙이 정丁과 오午를, 무戊가 기己와 오午나 기己와 미未를, 경庚이 신辛과 유酉를, 임壬이 계癸와 자子를 보면, 양인陽刃이라고 하는데, 다만 반드시 (천간 을乙 지지 묘卯, 혹은 연간 정丁 월지 오午로) 지지地支와 서로 연결되어 있어야 한다. 지지의 생왕生旺의 순서에서 녹록祿의 위치를 지나가면 왕성함이 한도를 지나치게 되기 때문에 인刃이라고 한다. 인刃은 겁刦자의 반쪽 글자로 겁刦보다 더욱 왕성하다는 기호이다. 양간에만 있기 때문에 양인陽刃이라고 한다. 천간만 보고 지지가 없다면 이것은 겁재刦才나 패재敗才이지 인刃이 아니다.

以六神配六親相傳甚古. 京氏易日, 八卦鬼爲繫爻, 財爲制爻, 天地爲義爻, 福 德爲寶爻, 同氣爲專爻. 此爲六親之名所自始, 分列於下.

육신을 육친과 짝지어 서로 전한 것은 아주 옛날부터다. 『경씨역京氏易』[8)]에서 "팔괘八卦의 귀鬼는 계효繫爻이고, 재財는 제효制爻이며, 천지天地는 의효義爻이고, 복덕福德은 보효寶爻이며, 동기同氣는 전효專爻이다"라고 하였다. 이것이 육친의 명칭이 시작된 것으로 아래에 나눠 나열한다.

| | | | | |
|---|---|---|---|---|
| 專爻一 | 同氣爲專爻 | 漢陸績註曰 同氣 兄弟也 如金與金 木與木之類 | 今稱兄弟 | 比刦 |
| 寶爻二 | 福德爲寶爻 | 福德子孫也 我所生者也 如金與水 水與木之類 | 今稱子孫 | 食傷 |
| 義爻三 | 天地爲義爻 | 天地 父母也 生我者也 如木爲水生 水爲金生 | 今稱父母 | 印綬 |
| 制爻四 | 財爲制爻 | 財者 我所制也 如木剋土 土爲木之財 是也 | 今稱妻財 | 財 |
| 繫爻五 | 鬼爲繫爻 | 繫者 束縛之意 制我者也 如火剋金 火卽金之鬼也 | 今稱官鬼 | 官煞 |

---

8) 경방(京房: BC 77-BC 37) : 전한 사람으로 본성本姓은 이씨李氏이고, 자는 군명君明이다. 맹희孟喜의 문인 초연수焦延壽에게 『주역』을 배웠고, 금문경씨역학今文京氏易學의 개창자다. 원제元帝 초원初元 4년(기원전 45) 효렴孝廉으로 천거되어 낭관이 되었다. 여러 차례 글을 올려 재이災異에 대해 말했는데, 자주 적중했다. 중서령中書令 석현石顯 등이 권력을 좌우한다고 탄핵했다가 석현과 오록충종五鹿充宗의 미움을 받아 위군태수魏郡太守에 쫓겨났다. 한 달 뒤 『주역』을 연구하던 오록충종과 학설이 다르다는 이유로 석현의 참소를 입어 기시棄市의 형을 당했다. 나중에 제자 은가殷嘉와 요평姚平, 승홍乘弘이 모두 경학박사가 되었는데, 이로부터 경씨역학이 있게 되었다. 저서에 『경씨역전京氏易傳』과 『주역장구周易章句』, 『주역착괘周易錯卦』, 『주역요점周易妖占』, 『주역점사周易占事』, 『주역수림周易守林』, 『주역비후周易飛候』, 『주역비후육일칠분周易候六日七分』, 『주역사시후周易四時候』, 『주역혼돈周易混沌』, 『주역위화周易委化』, 『주역역자재이周易逆刺災異』, 『역전적산법잡점조례易傳積算法雜占條例』 등이 있다.

| | | | | | |
|---|---|---|---|---|---|
| 1. 전효 | 동기는 전효 | 한나라 육적9)의 주석에서 "동기는 형제로 이를테면 금이 금과 목이 목과 같은 것이다"라고 함 | 형제 | 비겁 |
| 2. 보효 | 복덕은 보효 | 복덕은 자손으로 내가 생하는 것으로 이를테면 금에게 수, 수에게 목과 같은 것임 | 자손 | 식상 |
| 3. 의효 | 천지는 의효 | 천지는 부모이니, 나를 생하는 것으로 이를테면 목은 수가 생하고, 수는 금이 생하는 것임 | 부모 | 인수 |
| 4. 제효 | 재는 제효 | 재財는 내가 제재하는 것으로 이를테면 목이 토를 극해 토가 목의 재인 것이 여기에 해당함 | 처재 | 재 |
| 5. 계효 | 귀는 계효 | 계繫는 속박하는 의미로 나를 제재하는 것이니 이를테면 화가 금을 극해 화가 곧 금의 귀鬼인 것임 | 관귀 | 관살 |

官煞　君也, 我所事之主人也. 其力能支配我者, 皆其類.

印綬　父母也, 我之蔭庇也. 凡力能提攜庇蔭我者, 皆其類.

財　　妻妾也, 侍奉我者也. 爲我力所能支配而侍奉我者, 皆其類.

食傷　子女也, 智慧也. 由我發洩而出者, 皆其類.

比刦　兄弟也, 同類也. 凡同寅共事之人, 皆其類.

---

9) 육적(陸績: 188-219): 삼국 시대 사람으로 자는 공기公紀이다. 어려서부터 이름이 났다. 박학다식했고, 성력산수星曆算數 등 정통하지 않은 분야가 없었다. 손권孫權이 강동江東을 장악했을 때 불러 주조연奏曹掾이 되었다. 직언을 잘 했다. 외직으로 나가 울림태수鬱林太守가 되고, 편장군偏將軍에 올랐고, 군진軍陣에서도 저작을 게을리 하지 않았다. 6살 때 구강九江에서 원술袁術을 만났는데, 그 때 먹으라고 준 귤 세 개를 안 먹고 품에 간직했다가 물러나려고 인사할 때 떨어뜨렸다. 원술이 "육랑은 왜 그것을 먹지 않고 가지고 있었느냐?"고 물었더니 "돌아가 어머님께 드리려 했습니다."하여 지극한 효심을 칭찬받았다. 정사 『삼국지』에는 육적회귤陸績懷橘로 나온다. 저서에 『혼천도渾天圖』와 『주역주周易注』, 『태현경주太玄經注』 등이 있다. 24효孝의 한 사람으로 꼽힌다.

| | |
|---|---|
| 관살 | 임금으로 내가 모시는 주인이다. 나를 지배할 수 있는 힘이 있는 자들은 모두 같은 것들이다. |
| 인수 | 부모로 나의 보호자이다. 나를 이끌며 보호할 수 있는 힘이 있는 자들은 모두 같은 것들이다. |
| 재 | 처첩으로 나를 섬기는 자들이다. 나의 힘에 지배되어 나를 섬기는 자들은 모두 같은 것들이다. |
| 식상 | 자녀子女이고 지혜이다. 내가 발설하기 때문에 나오는 것은 모두 같은 것들이다. |
| 비겁 | 형제로 나와 같은 것들이다. 동료가 되어 함께 일하는 사람들은 모두 같은 것들이다. |

　上述五種, 並自身爲六. 義簡而該, 爲言術數者, 所不能廢. 然同爲 尅我我尅生我我生之中, 有陰陽之別, 其作用大同而小異. 後人精益求 精, 提綱挈領, 就上五種分陰陽, 更訂正偏十種名稱, 名爲陰陽通變. 解已見前, 列表於下.

　위에서 설명한 다섯 가지에 자신을 합치면 여섯 가지이다. 의미가 간단한데도 핵심을 포함하고 있어 술수를 말하는 자들이 무시할 수 없는 것이다. 그러나 나를 극하고 내가 극하며 나를 생하고 내가 생하는 가운데 음양의 구별이 있고, 그 작용이 크게는 같지만 작게는 다르다. 후대의 사람들이 더욱 더 자세히 연구하여 핵심을 찾아내고는 위의 다섯 가지를 음양으로 나눠 정正과 편偏의 10가지 명칭으로 바꾸어 음양을 통변하는 것으로 이름 붙였다. 풀이를 앞에서 이미 했으니, 아래에 표로 나열한다.

## 오양 통변표 1 (五陽通變表一)

| 다섯 양간에 대한 생과 극[天干五陽生剋] | | | | | | | | | | 日主 |
|---|---|---|---|---|---|---|---|---|---|---|
| 癸 | 壬 | 辛 | 庚 | 己 | 戊 | 丁 | 丙 | 乙 | 甲 | 甲 |
| 乙 | 甲 | 癸 | 壬 | 辛 | 庚 | 己 | 戊 | 丁 | 丙 | 丙 |
| 丁 | 丙 | 乙 | 甲 | 癸 | 壬 | 辛 | 庚 | 己 | 戊 | 戊 |
| 己 | 戊 | 丁 | 丙 | 乙 | 甲 | 癸 | 壬 | 辛 | 庚 | 庚 |
| 辛 | 庚 | 己 | 戊 | 丁 | 丙 | 乙 | 甲 | 癸 | 壬 | 壬 |
| 印綬 | 偏印 | 正官 | 偏官 | 正財 | 偏才 | 傷官 | 食神 | 劫才 | 比肩 | |

## 오음 통변표 2 (五陰通變表二)

| 다섯 음간에 대한 생과 극[天干五陰生剋] | | | | | | | | | | 日主 |
|---|---|---|---|---|---|---|---|---|---|---|
| 甲 | 癸 | 壬 | 辛 | 庚 | 己 | 戊 | 丁 | 丙 | 乙 | 乙 |
| 丙 | 乙 | 甲 | 癸 | 壬 | 辛 | 庚 | 己 | 戊 | 丁 | 丁 |
| 戊 | 丁 | 丙 | 乙 | 甲 | 癸 | 壬 | 辛 | 庚 | 己 | 己 |
| 庚 | 己 | 戊 | 丁 | 丙 | 乙 | 甲 | 癸 | 壬 | 辛 | 辛 |
| 壬 | 辛 | 庚 | 己 | 戊 | 丁 | 丙 | 乙 | 甲 | 癸 | 癸 |
| 劫才 | 偏印 | 印綬 | 偏官 | 正官 | 偏才 | 正財 | 食神 | 傷官 | 比肩 | |

---

10) 원문에 '陰陽'으로 되어 있는 것을 문맥에 맞추어 '五陽'으로 수정했다.
11) 원문에 '陰陽'으로 되어 있는 것을 문맥에 맞추어 '五陰'으로 수정했다.

以上爲干與干之生剋, 若干與支, 則就支中所藏之用以論生剋. 蓋子平法. 以干爲天元, 支爲地元, 支中所藏爲人元. 人元者, 支之用, 卽支中可用之氣也. 氣之最强者, 莫過臨官帝旺. 用分陰陽, 臨官爲陽干之祿, 帝旺爲陰干之祿也. 次於祿者, 爲長生, 更次者, 餘氣墓庫. 五行之氣, 雖無時無刻不流行於天地之間, 而氣有衰旺, 用有顯晦. 旺而顯者, 爲人元. 衰而晦者, 雖有如無, 故不列. 詳上編地支藏用篇.

　이상의 천간과 천간의 상생[生]과 상극[剋]은 천간과 지지의 경우에도 같으니, 지지에 숨어 있는 쓰임[用]으로 상생과 상극을 논한다. 자평의 법은 천간을 천원天元으로 지지를 지원支元으로 여기고, 지지에 숨어 있는 것을 인원人元으로 여긴다. 인원人元은 지지의 쓰임 곧 지지 속에서 쓸 수 있는 기운이다. 가장 강한 기운은 임관臨官과 제왕帝旺보다 더한 것은 없다. 쓰임은 음과 양으로 나누니, 임관은 양간의 녹祿이고, 제왕帝旺은 음간의 녹祿이다. 녹의 다음이 장생長生이고, 그 다음이 여기餘氣와 묘고墓庫이다. 오행의 기운은 어느 때 어느 시각이고 천지에 흘러가지 않은 적이 없는데, 기운에는 쇠衰와 왕旺이 있고 쓰임에는 드러나는 것과 드러나지 않는 것이 있다. 왕旺해서 드러나는 것은 인원人元이다. 쇠衰해서 드러나지 않는 것은 있는데도 없는 것과 같기 때문에 나열하지 않겠다. 앞의「지지의 숨어있는 쓰임」편에서 자세히 설명하였다.

五行生旺死絶十二宮, 爲命理之根本. 前爲說明原理, 越見詳列圖表, 若爲應用計, 必須熟記掌中, 庶便掐質算. (五合六合方局刑冲等, 均須一目了然, 方便應用) 茲更列簡單掐算之圖於後.

오행의 생생生·왕왕旺·사사死·절절絶인 12궁은 명리의 근본이다. 앞에서 원리를 설명하려고 앞질러서 도표로 자세히 설명하였는데, 응용하여 헤아리려면 반드시 손바닥에서 익숙하게 외워 손가락으로 꼽으며 질정하여 헤아릴 수 있어야 한다. (오합五合·육합六合·방方·국局·형형刑·충충冲 등은 모두 일목요연해야 편리하게 응용할 수 있음) 이 때문에 다시 간단하게 손가락으로 꼽으며 헤아리는 그림을 뒤에 그려놓았다.

三元之義, 李虛中命書干祿支命納音身, 是以年命干支之納音爲人元也. 星家以命宮天干爲天元, 年干卦氣爲地元, 官祿宮爲人元. 詳下紳煞篇, 以地支藏用爲人元, 乃子平獨創之法也.

삼원三元의 의미는 『이허중명서李虛中命書』에서 간록干祿·지명支命·납음신納音身인데, 이것은 연명年命 간지의 납음納音을 인원人元으로 삼은 것이다. 천문학자들은 명궁命宮의 천간天干을 천원天元으로 연간年干의 괘기卦氣를 지원地元으로 관록궁官祿宮을 인원人元으로 삼는다. 아래의 「신살神煞」편에서 자세히 설명할 것으로 지지에 숨어있는 쓰임으로 인원을 삼은 것은 바로 자평子平의 독창적인 법이다.

지지에 숨어 있는 인원에 대한 도표

| 巳<br>庚戊丙 | 午<br>己丁 | 未<br>乙丁己 | 申<br>戊壬庚 |
|---|---|---|---|
| 金戊丙<br>生祿 | 祿己丁 | 墓木 | 庚水<br>祿生 |
| 辰<br>癸乙戊 | 支藏人元圖 | | 酉<br>辛 |
| 墓水 | | | 祿辛 |
| 卯<br>乙 | | | 戊<br>辛丁戊 |
| 祿乙 | | | 墓火 |
| 寅<br>戊丙甲 | 丑<br>辛癸己 | 子<br>癸 | 亥<br>甲壬 |
| 甲土火<br>祿生 | 墓金 | 祿癸 | 木壬<br>生祿 |

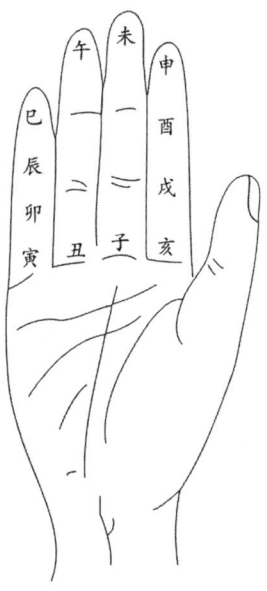

十二宮次序, 長生沐浴冠帶臨官, 陽干祿, 帝旺陰干祿, 衰餘氣也, 病死墓胎養, 胎養兩位. 乃醞釀之時. 說明詳地支藏用篇不贅.

12궁의 순서는 장생長生, 목욕沐浴, 관대冠帶, 임관臨官, 양간陽干의 녹祿임 제왕帝旺, 음간의 녹祿임 쇠衰, 여기餘氣임 병病·사死·묘墓·태胎·양養이다. 태胎·양養 두 자리는 은밀하게 자라는 때임 「지지의 숨어있는 쓰임」 편에서 자세히 설명하였으니, 군더더기를 덧붙이지 않겠다.

支中人元之用, 雖三干並列而用有賓主. 人元者, 支中可用之氣也. 如寅宮甲丙戊並列, 甲[12]木爲當旺之氣, 占十之六, 主也, 木旺火相, 丙火長生, 丙火賓也, 土附火以生, 火土合占十之四, 又賓中之賓也. 如見丙火出干, 或寅午戌會成火局, 則喧賓奪主. 否則, 總以木爲主. 辰中戊乙癸三干並列, 土爲專旺之氣, 占十之六, 主也, 乙餘氣占十之三, 賓也, 水墓氣, 占十之一, 賓中之賓也. 若乙木出干, 支聚寅卯辰東方, 或見壬水出干, 申子辰會成水局, 亦能喧賓奪主. 否則只以土論.

지지地支 속에서 인원人元의 쓰임은 세 천간이 나란히 있을지라도 쓰임에는 주인과 손님이 있다. 인원은 지지 속에서 쓸 수 있는 기운이다. 이를테면 인궁寅宮에 갑甲·병丙·무戊가 함께 있을지라도 갑목甲木이 왕성한 기운에 해당하고 6/10을 차지하였으니 주인이고, 목木이 왕성하고 화火가 보좌하여 병화丙火가 장생하니 그것은 손님이고, 토土는 화火에 의지하여 생하고, 화火와 토土가 합하여 4/10을 차지하니, 또 손님 중의 손님이다. 그런데 병화가 천간에 있는데, 혹 인寅·오午·술戌 화국火局을 이루었다면, 손님이 주인보다 더 시끄럽다. 그렇지 않으면 모두 목木을 주인으로 삼는다. 진辰 가운데 무戊·을乙

---

12) 원문에 '申'으로 되어 있는 것을 문맥에 따라 '甲'으로 수정하였다.

·계癸 세 천간이 나란히 있으나 토土가 오로지 왕성한 기운으로 6/10을 차지하여 주인이고, 을乙 여기餘氣가 3/10을 차지하여 손님이며, 수水 묘지의 기운이 1/10을 차지하여 손님 중의 손님이다. 그런데 만약 을목乙木이 천간에 있고 지지에 인寅 · 묘卯 · 진辰 동방東方이 모여 있거나 혹 임수壬水가 천간에 있고 신申 · 자子 · 진辰 수국水局이 이루어져도 손님이 주인보다 더 시끄럽다. 그렇지 않으면 오직 토土로 논한다.

# 7. 간지의 육신 배합[干支配合六神]

干支配合六神, 所以顯八字之體用, 熟習之人, 一目了然, 擇要標出, 不必列擧. 若在初學, 八字入手, 未知重要之點何在, 固不能不一一配合而標出之, 然後尋求其要點. 配合之法, 當檢求五陽五陰[13])通變表. 然有志斯學者, 務宜熟習若臨時檢查圖表, 斷難應用裕如也.

간지를 육신에 배합하는 것은 팔자八字의 체體와 용用을 나타내기 위함인데, 익숙한 사람은 일목요연하게 요점을 골라 드러내고 굳이 열거하지 않는다. 처음 팔자를 배우는 자는 어디에 요점이 있는지 몰라 진실로 하나하나 배합하여 나타낸 다음에도 그 요점을 찾을 수 없다. 배합하는 방법은 오양오음 통변표를 참조하여야 한다. 그러나 여기 명리학에 뜻을 둔 자라면 힘써 임시 검사표와 같은 것을 익숙하게 익혀 어려울지라도 여유 있게 응용할 수 있어야 한다.

---

13) 원문에 '陰陽'으로 되어 있는 것을 문맥에 맞추어 '五陽五陰'으로 수정했다.

八字以日元爲主, 日元者, 日之天干也, 或生或剋, 皆以日元爲依歸.
假定民國廿七年戊寅二月初十日亥時生, 先以戊寅列第一柱. 查節氣二
月初五日未刻交驚蟄節, 初十已爲二月. 由年干遁月, 正月起甲寅. 則
二月爲乙卯月, 列第二柱. 查萬年曆, 二月初一日, 爲癸巳日, 挨次推
下, 至初十爲壬寅日, 列第三柱. 由日干遁時, 壬日起庚子時, 挨次推
下, 爲辛亥時, 先排列於下.

辛 壬 乙 戊　　팔자八字는 일원日元을 근원으로 하는데, 일
亥 寅 卯 寅　　원은 일주日柱의 천간天干이니, 생生하거나 극
剋하거나 모두 일원에 의지한다. 중화민국 27년 무인년戊寅年 2월
10일 해시亥時에 태어났다고 가정한다면, 먼저 무인戊寅을 첫째 주
柱에 적는다. 절기를 찾아보면 2월 5일 미시未時에 경칩절에 들어갔
으니, 10일은 이미 2월이다. 연간年干에 따라 월月을 헤아려 보면,
정월正月이 갑인甲寅에서 시작한다. 그렇다면 2월은 을묘월乙卯月
이니, 둘째 주柱에 적는다. 만세력을 검사하면 2월 1일이 계사癸巳日
이니, 차례대로 헤아려 10일은 임인일壬寅日이라 셋째 주柱에 적는
다. 일간日干에 따라 시時를 헤아려 보면, 임일壬日은 경자시庚子時
에서 시작하니, 차례대로 헤아리면 신해시辛亥時라고 얼른 끝에 적
는다.


　　日干壬爲主. 壬爲陽水, 查五陽通變表, 先干後支. 乙見壬

爲傷官, 注一傷字於乙上. 戊見壬爲偏官, 卽七煞也, 注一煞字於戊土. 辛見壬爲正印, 注一印字於辛上. 此天干之配合也. 更查地支所藏人元之用, 與天干同. 卯宮藏乙木, 注一傷字於卯下. 年支寅宮藏甲丙戊三干, 甲見壬爲食神, 丙爲偏才, 戊爲煞, 卽註食才煞三字於寅字之下. 日支同年支. 亥宮藏壬甲兩干[14]. 壬見壬爲比肩, 甲見壬爲食神, 卽注比食兩字於亥字之下. 照生旺死絕之序, 壬至亥爲臨官祿也, 更加注一祿字於亥字之下. 四柱生剋備矣.

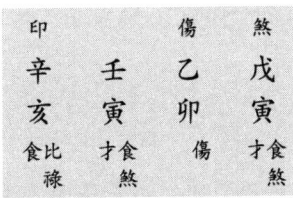

일간日干 임壬이 근본이다. 임壬은 양수陽水이니,「오양 통변표」를 참조해 천간을 먼저 지지를 뒤에 표시한다. 을乙이 임壬에게 드러나면 상관傷官이니, 을乙 위에 상傷자를 표시한다. 무戊가 임壬에게 드러나면 편관偏官 곧 칠살七煞이니, 살煞자를 무토戊土 위에 표시한다. 신辛이 임壬에게 드러나면 정인正印이니, 인印자를 신辛 위에 표시한다. 이것이 천간天干의 배합配合이다. 또 지지地支에 숨어있는 인원人元의 쓰임을 찾아보면 천간天干과 같다 묘궁卯宮에는 을목乙木이 숨어있어 묘卯자 아래에 상傷자를 표시한다. 연지年支 인궁寅宮에는 갑甲 · 병丙 · 무

---

14) 원문에 '支'로 되어 있는 것을 문맥에 따라 '干'으로 수정하였다.

戊 세 천간이 숨어있는데, 갑甲이 임壬에게 드러나면 식신食神이고 병丙은 편재偏才이고 무戊는 살煞이니, 곧 식食·재才·살煞 세 글자를 인寅자 아래에 표시한다. 일지日支는 연지年支와 같다. 해궁亥宮에는 임壬·갑甲 두 천간이 숨어 있는데, 임壬이 임壬에게 드러나면 비견比肩이고, 갑甲이 임壬에게 드러나면 식신食神이니, 곧 해亥자 아래에 비比·식食 두 글자를 표시한다. 생生·왕旺·사死·절絶의 순서에 비춰보면, 임壬은 해亥에서 임관臨官으로 녹祿이니, 또 해궁의 아래에 녹祿자를 표시한다. 그러면 사주의 상생[生]과 상극[剋]이 모두 표시되었다.


普通推命, 求簡便起見. 正官注一官字, 偏官注一煞字. 正印注一印字, 偏印注一卩字, 印之偏旁也. 如天干兼有食神, 則注梟字. 正財注財字, 偏財注才字, 財之偏旁也, 食神注一食字, 傷官注亻字, 傷之偏旁也. 比肩注一比字, 刼才注一刼字. 無非爲簡便起見, 別無意義.

보통 운명을 추리하면서 간편하게 하기 위해 다음처럼 한다. 정관正官에는 관官자를 붙이고, 편관偏官에는 살煞자를 붙인다. 정인正印에는 인印자를 붙이는데, 편인에 절卩자를 붙이는 것은 인印자의 '오른쪽 부분[偏旁]'이기 때문이다. 천간에 함께 식신이 있으면 효梟자를 붙인다. 정재正財에는 재財자를 붙이는데, 편재偏財에는 재才자를 붙이는 것은 재財자의 오른쪽 부분이기 때문이고, 식신食神에는 식食자를 붙이는데, 상관傷官에는 인亻자를 붙이는 것은 상傷자의 '왼쪽 부분[偏旁]'이기 때문이다. 비견比肩에는 비比자를 붙이고, 겁재刦才에는 겁刦자를 붙인다. 이것은 간편하게 하기 위한 것이지 별다른 의미는 없다.

上造壬爲陽干. 如生於十一日亥時, 則爲癸卯日癸亥時, 六神陰陽不同. 列式如下.

위의 명조에서 임壬은 양간이다. 그런데 만약 11일 해시亥時에 태어났다면, 계묘일癸卯日 계해시癸亥時가 되어 육신의 음양이 같지 않으니, 다음처럼 나열한다.

査五陰[15]通變表二, 戊見癸爲正官, 注一官字於戊上, 乙見癸爲食神, 注一食字於乙上, 癸見癸爲比肩, 注一比字於癸上. 卯宮藏乙, 乙見癸爲食神, 注一食字於卯下. 日支同月支. 寅宮藏甲丙戊, 甲見癸爲傷宮, 丙爲正財, 戊爲正官, 注傷財官三字於寅下. 亥宮藏壬甲, 壬見癸爲刦才, 甲見癸爲傷官, 注刦傷兩字於亥下. 壬癸水雖同旺於亥, 然亥爲壬水

---

15) 원문에 '陰陽'으로 되어 있는 것을 문맥에 맞추어 '五陰'으로 하였다.

祿地, 而非癸水祿地, 故不注, 陽干以臨官爲祿, 陰干以帝旺 爲祿也.

| 比 | | 食 | 官 |
|---|---|---|---|
| 癸 | 癸 | 乙 | 戊 |
| 亥 | 卯 | 卯 | 寅 |
| 印劫 | 食 | 食 | 財傷官 |

「오음 통변표 2」를 참조하면, 무戊가 계수癸水에게 나타나면 정관正官이니, 무戊의 위에 관官자를 표시하고, 을乙이 계癸에게 나타면 식신食神이니, 을乙 위에 식食자를 표시하며, 계癸가 계癸에게 나타나면 비견比肩이니, 계癸 위에 비比자를 표시한다. 묘궁卯宮에는 을乙이 숨어있는데, 을乙이 계癸에게 나타나면 食神이라 묘卯 아래에 식食자를 표시한다. 일지日支는 월지月支와 같다. 인궁寅宮에는 갑甲·병丙·무戊가 숨어있는데, 갑甲이 계癸에게 나타나면 상관傷官이고 병丙은 정재正財이며 무戊는 정관正官이니, 상傷·재財·관官 세 글자를 인寅 아래에 표시한다. 해궁亥宮에는 임壬·갑甲이 숨어있는데, 임壬이 계癸에게 나타나면 겁재劫才이고 갑甲이 癸에게 상관傷官이니, 겁劫·상傷 두 글자를 해亥 아래에 표시한다. 그런데 임수壬水와 계수癸水가 해亥에서 똑같이 왕旺할지라도 해亥가 임수壬水의 녹지祿地이지 계수癸水의 녹지祿地가 아니기 때문에 표시하지 않는다. 양간陽干은 임관臨官을 녹祿으로 하고, 음간陰干은 제왕帝旺을 녹祿으로 한다.

# 8. 대운의 계산법[推大運法]

　　大運者, 人生經歷之程途也, 又名運程. 譬如禾稻, 夏植而秋收, 所經者爲夏秋氣候, 稻所宜也, 麥冬植而夏收, 冬春氣候, 麥所宜也. 若易其時, 則不生, 冬行春令, 夏行秋令, 則華而不秀. 人生經歷之運程, 亦猶是耳.

　　대운大運은 사람이 겪는 여정으로 운수라고도 한다. 비유하자면 벼는 여름에 심어서 가을에 거두니, 겪는 것이 여름과 가을의 기후로 벼에게 알맞은 것이고, 보리는 겨울에 심어서 여름에 거두니, 겨울과 봄의 기후가 보리에게 알맞은 것이다. 그것들의 때를 바꾼다면 자라지 않고, 겨울에 봄의 명령을 시행하고 여름에 가을의 명령을 시행하면, 꽃은 피나 열매가 맺지 않으니, 사람이 겪는 운수도 이와 같을 뿐이다.

月令者, 當生之氣也. 大運者, 未來之氣也. 大運從月令出. 男命生於甲丙戊庚壬年, 名爲陽男, 生於乙丁己辛癸年, 名爲陰男. 女命生於甲丙戊庚壬年, 名爲陽女, 生於乙丁己辛癸年, 名爲陰女. 推排大運, 陽男陰女, 從月令順推, 陰男陽女, 從月令逆推, 專以年干爲男女順推逆推之標準. 如上造戊寅年二月初十日亥時生, 男命爲陽男, 順推大運,

월령月令은 태어났을 때의 기운이다. 대운은 아직 오지 않은 기운으로 그것은 월령에서 시작된다. 남자가 갑甲·병丙·무戊·경庚·임壬년에 태어났다면 양남陽男이라고 하고, 을乙·정丁·기己·신辛·계癸년에 태어났다면 음남陰男이라고 한다. 여자가 갑甲·병丙·무戊·경庚·임壬년에 태어났다면 양녀陽女라고 하고, 을乙·정丁·기己·신辛·계癸년에 태어났다면 음녀陰女라고 한다. 대운을 배열할 때 양남陽男·음녀陰女는 월령에서 순서대로 미루어 나가고, 음남陰男·양녀陽女는 월령에서 거꾸로 미루어 나가는데, 오로지 연간年干을 가지고 남男과 여女의 순서대로 미루어 나가고 거꾸로 미루어 나가는 표준을 삼는다. 이를테면 위의 명조 무인년戊寅年 2월 10일 해시亥時는 '남자의 명조[男命]'로는 양남陽男이라 대운을 순서대로 미루어 나가고,

辛 壬 乙 戊
亥 寅 卯 寅

辛 庚 己 戊 丁 丙
酉 申 未 午 巳 辰

女命爲陽女, 逆推大運.
'여자의 명조[女命]'로는 양녀陽女라 거꾸로 미루어 나간다.

辛 壬 乙 戊          己 庚 辛 壬 癸 甲
亥 寅 卯 寅          酉 戌 亥 子 丑 寅

假令丁丑年二月初十日亥時生, 在男爲陰男, 逆推大運.
가령 정축년丁丑年 2월 10일 해시亥時에 태어났다면, 남자에게는 음남陰男이라 대운을 거꾸로 미루어 나간다.

癸 戊 癸 丁          丁 戊 己 庚 辛 壬
亥 申 卯 丑          酉 戌 亥 子 丑 寅

若爲女命, 則爲陰女, 順推大運.
여자의 명조라면 음녀陰女라 대운을 순서대로 미루어 나간다.

癸 戊 癸 丁          己 戊 丁 丙 乙 甲
亥 申 卯 丑          酉 申 未 午 巳 辰

## 9. 대운의 계산은 기가 아닌 절로
[大運起算之法論節不論氣]

- **說明**. 立春驚蟄淸明, 立夏芒種小暑,[16] 立秋白露寒露, 立冬大雪小寒, 爲節, 雨水春分穀雨, 小滿夏至大暑, 處暑秋分霜降, 小雪冬至大寒, 爲氣. 氣者, 一月之中也, 故又名中氣.

- **설명**: 입춘·경칩·청명, 입하·망종·소서, 입추·백로·한로, 입동·대설·소한은 절節이고, 곡우·춘분·곡우, 소만·하지·대서, 처서·추분·상강, 소설·동지·대한은 기氣이다. 기氣는 한 달의 가운데이기 때문에 중간의 기氣라고도 한다.

從誕生之時起算, 陽男陰女, 順推至未來節, 陰男陽女, 逆推至過去節. (不用中氣) 以三日爲一年, 一時爲十日. (三日共三十六時, 適合三

---

16) 원문에 '滿'으로 되어 있는 것을 문맥에 따라 '暑'로 수정하였다.

百六十日) 扣算足數, 爲大運之起點, 亦爲運與運交脫之期.

  태어난 시점으로 계산하니, 양남陽男과 음녀陰女는 순서대로 미래의 절을 따라 미루어 나가고, 음남陰男과 양녀陽女는 거꾸로 과거의 절을 따라 미루어 나간다. (중간의 기氣는 사용하지 않음) 3일이 1년이고, 1시진은 10일이다. 3일은 모두 36시진이니, 360일에 꼭 맞음) 계산된 수가 대운의 기점으로 또한 운運과 운運이 들어가고 나가는 시기이다.

> - **說明.** 譬如生於立春後一日, 陽男順推至驚蟄二月節, 不用雨水中氣. 陰男逆推至立春節, 計算幾個時辰, 扣算若干日, 爲交入[17]大運之起點. 又如生於驚蟄前一日, 順推至驚蟄節爲止, 逆推須至立春節, 均不用雨水中氣也.
> - **설명:** 비유하자면 입춘 하루 뒤에 태어났다면 양남陽男은 순서대로 경칩驚蟄인 2월의 절節로 미루어 나가는데, 우수雨水인 중간의 기氣는 사용하지 않는다. 음남陰男은 거꾸로 입춘절로 미루어 나가는데, 몇 시진인지 따지고 약간의 날을 계산하여 대운이 들어가는 기점으로 삼는다. 또 경칩 하루 전에 태어났다면, 순서대로 경칩절로 미루어 나가 멈추든 거꾸로 입춘절로 미루어 나가든 모두 우수인 중간의 기를 사용하지 않는다.

---

17) 원문에 '人'으로 되어 있는 것을 문맥에 따라 '入'으로 수정하였다.

假定男造戊寅年二月初十日亥時生.
남자의 명조로 무인년 2월 10일 해시亥時에 태어났다고 가정하자.

陽男順推至淸明節, 査萬年曆, 三月初五日酉時交淸明節, 則從二月初十日亥時起, 扣算至三月初五日申時爲止, 共二十四日又十時. 以三日一年一時十日折算, 爲八歲又一百天起運. 從戊寅年二月初十日, 扣至丙戌年二月初十日爲足八歲, 再加一百天爲丙戌年五月二十日起運, 以後每逢丙辛年五月二十日爲交脫之期. 陰女推算法同.

|  | 印 | 傷 | 煞 |
|---|---|---|---|
|  | 辛 | 壬 | 乙 | 戊 |
|  | 亥 | 寅 | 卯 | 寅 |
|  | 食比祿 | 才食煞 | 傷 | 才食煞 |

| 58 | 48 | 38 | 28 | 18 | 8 |
|---|---|---|---|---|---|
| 辛 | 庚 | 己 | 戊 | 丁 | 丙 |
| 酉 | 申 | 未 | 午 | 巳 | 辰 |

양남陽男은 순서대로 청명절로 미루어 나가는데, 만세력을 참고하면 3월 5일 유시酉時에 청명절로 들어가니, 2월 10일 해시亥時부터 3월 5일 신시申時까지 헤아리면 모두 24일에 10시진이다. 3일을 1년으로 1시진을 10일로 환산하면, 8년 100일에

대운이 시작된다. 무인년戊寅年 2월 10일부터 병술년丙戌年 2월 10일까지면 8년이 되기에 충분하고, 다시 100일을 더해 병술년 5월 20일이 되면 운이 시작되니, 이후로는 매번 병년丙年과 신년辛年 5월 20일이 들어가고 나가는 시기이다. 음녀陰女의 계산법도 같다.

假定生於丁丑年二月初十日亥時.
정축년 2월 10일 해시亥時에 태어났다고 가정하자.

陰男逆推, 查萬年曆, 丁丑年正月二十四日辰時交驚蟄節, 從二月初十日亥時, 逆推至正月二十四日辰時, (正月月建小, 扣除一天) 共十五日八時. 依法扣算, 爲五歲多八十天起運. 扣至壬午年二月初十日足五歲, 加八十天, 至壬午年四月三十日交入大運, 以後每逢壬丁年四月三十日爲交脱之期. 陽女扣算法同.

|  | 財 |  | 財 | 印 |
|---|---|---|---|---|
|  | 癸 | 戊 | 癸 | 丁 |
|  | 亥 | 申 | 卯 | 丑 |
|  | 煞才 | 才食比 | 官 | 財劫<br>才 |

| 55 | 45 | 35 | 25 | 15 | 5 |
|---|---|---|---|---|---|
| 丁 | 戊 | 己 | 庚 | 辛 | 壬 |
| 酉 | 戌 | 亥 | 子 | 丑 | 寅 |

음남陰男은 거꾸로 미루어 나가는데, 만세력을 참조하면 정축년 정월 24일 진시辰時에 경칩절로 들어가니, 2월 10일 해시亥時부터 거꾸로 정월 24일 진시辰時까지 헤아리면 (정월은 월건이 작아 하루를 뺌) 모두 15일에 8시진이다. 법대로 환산하면 5년 80일이다. 임오년壬午年 2월 10일까지면 5년이 충분하고, 80일을 더해 임오년 4월 30일이 되면 대운에 들어가니, 이후로는 매번 정년丁年과 임년壬年 4월 30일이 들어가고 나가는 시기이다. 양녀陽女의 계산법도 같다.

- **說明**. 扣算或多或欠, 普通以六個月一百八十天爲標準. 如多至一百九十天, 則增一歲作爲欠一百七十天論. 我國習慣, 歲月不扣足計算, 爲酬應外行起見, 八歲寫作九歲, 五歲寫作六歲者, 比比皆是. 此乃因時制宜, 不合於理. 置之不論可也.
- **설명:** 계산하여 혹 많거나 부족하면, 보통 6개월인 180일을 표준으로 한다. 이를테면 많아서 190일이 된 것은 1년을 더하고 170일 모자란 것으로 논한다. 중국의 습관은 세월을 남는 것으로 계산하지 않으니, 비전문가들에게 응대하기 위해 8년을 9년으로 적고 5년을 6년으로 적은 것은 어느 것이든 모두 이런 경우이다. 이것은 때에 따라 마땅

하게 한 것이니, 이치에 맞지 않으면 놔두고 논하지 않아도 된다.

假定戊寅年閏七月二十日辰時生.
무인년 윤칠월 20일 진시辰時에 태어났다고 가정하자.

陽男順推, 查萬年曆, 戊寅年閏七月十五日申時交白露節, 二十日爲白露後五日. 作八月算, 順推至八月十六日辰時寒露九月節, 爲廿六日又一時. 以三日一年一時十日計算, 爲九歲少一百十天. 扣至丁亥年七月二十日爲足九歲, 減一百十天, 爲丁亥年四月初一日起運, 以後逢丁壬年四月初一日爲交脫之期.

| 丙 | 戊 | 辛 | 戊 |
| 辰 | 申 | 酉 | 寅 |

| 59 | 49 | 39 | 29 | 19 | 9 |
| 丁 | 丙 | 乙 | 甲 | 癸 | 壬 |
| 卯 | 寅 | 丑 | 子 | 亥 | 戌 |

양남陽男은 순서대로 미루어 나가는데, 만세력을 참조하면 무인년 윤칠월 15일 신시申時에 백로절로 들어가니, 20일은 백로 5일 뒤이다. 8월로 계산하여 순서대로 8월 16일 진시辰時인 한로 구월절까지 미루어 나가면 26일에 1시진이다. 3일을 1년으

로 1시진을 10일로 계산하면 9년에 110일이 부족하다. 정해년丁
亥年 7월 20일이면 9년이 되기에 충분하고, 110일을 덜어내면
정해년 4월 1일에 운이 시작되니, 이후로는 정년丁年과 임년壬
年 4월 1일이 들어가고 나가는 시기이다.

所生者, 如爲女命, 則爲陽女逆推. 査萬年曆, 戊寅年閏七
月十五日申時白露節. 從二十日辰時, 逆推至十五日申時,
爲四日又九時. 依法扣算, 兩歲少一百五十天. 交入大運, 至
庚辰年七月二十日爲足兩歲, 除一百五十天, 爲庚辰年二月
二十日起運, 以後逢乙庚年二月二十日爲交脫之期.

```
丙 戊 辛 戊        59 49 39 29 19  9
辰 申 酉 寅         丁  丙 乙 甲 癸 壬
                   卯  寅 丑 子 亥 戌
```

태어난 자가 여자의 명조라면, 양녀陽女는 거꾸로 미루어 나
간다. 만세력을 참조하면, 무인년 윤칠월 15일 신시申時 백로절
은 20일 진시辰時부터 거꾸로 15일 신시申時까지 미루어 나가
면 4일에 9시진이다. 법대로 계산하면 2년에 150일이 부족하다.
대운에 들어가 경진년庚辰年 7월 20일이면 2년이 되기에 충분

하고, 150일을 빼면 경진년庚辰年 2월 20일에 운이 시작되니, 이후로는 을년乙年과 경년庚年 2월 20일이 들어가고 나가는 시기이다.

# 10. 소운의 계산법[推小運法]

大運, 早者, 從誕生時起, 遲者, 至十歲半方交入大運, 在未交入大運之前, 推其小運, 其法有二.

대운大運은 빠를 경우 태어난 때부터 시작되고, 느릴 경우 10년 반이 되어야 대운에 들어가니, 대운에 들어가기 전에 소운小運의 계산에는 두 가지 방법이 있다.

一. 從時起運, 陽男陰女順行, 陰男陽女逆行. 譬如甲子時生, 一歲卽行乙丑, 二歲丙寅, 三歲丁卯. 逆行者, 甲子時生 一歲行癸亥二歲壬戌三歲辛酉是也.

1. 태어난 때부터 소운이 시작되면, 양남陽男과 음녀陰女는 순서대로 흘러가고 음남陰男과 양녀陽女는 거꾸로 흘러간다. 예를 들어 갑자시甲子時에 태어났다면, 1살 때는 을축乙丑으로, 2살 때는 병인丙寅으로, 3살 때는 정묘丁卯로

흘러간다. 거꾸로 흐를 경우, 갑자시甲子時에 태어났다면, 1살 때는 계해癸亥로, 2살 때는 임술壬戌로, 3살 때는 신유辛酉로 흘러가는 것이 여기에 해당한다.

二. 上述之法, 爲現在普通所用, 古人論小運, 不限於童造. 李虛中命書云. 男一歲起於寅, 女一歲起於申. 假令甲子年男起丙寅, 女起壬申, 小運各以年遁月建五行, 一歲一移, 周而復始云云. 由是推之, 甲己年生人男起丙寅, 女起壬申. 若乙庚年生, 當男起戊寅, 女起甲申.

2. 위에서 설명한 방법이 현재 보통 사용하는 것인데, 옛 사람들이 소운을 논할 때는 아이들의 명조命造에 한정하지 않았다. 『이허중李虛中18) 명서命書』에서 "남자의 1살은 인寅에서 시작하고, 여자의 1살은 신申에서 시작한다. 가령 갑자년甲子年의 남자는 병인丙寅에서 시작하고, 여자는 임신壬申에서 시작하니, 소운은 각기 연年으로 월건月建의 오행을 헤아려 1년에 하나씩 흘러가고, 한 바퀴를 돌면 다시 시작한다"라고 하였다. 이렇게 본다면, 갑기년甲

---

18) 이허중李虛中: 당唐 나라 때의 인물로 명리학을 체계화한 중국 고대 명리학의 종사宗師이다.

己年에 태어난 남자는 병인丙寅에서 시작하고, 여자는 임신壬申에서 시작한다. 을경년乙庚年에 태어났다면, 남자는 무인戊寅에서 시작해야 하고, 여자는 갑신에서 시작해야 한다.

以此類推, 一歲一移, 不論男女. 皆順行也. 然釋曇瑩註珞琭子三命消息賦, 又不論何年生人, 一概男起丙寅順行, 女起壬申逆行, 未知孰是. 更有以甲子旬如上起, 甲戌旬, 男起丙子, 女起壬午, 甲申旬, 男起丙戌, 女起壬辰, 甲午旬, 男起丙申, 女起壬寅, 甲辰旬, 男起丙午, 女起壬子, 甲寅旬, 男起丙辰, 女起壬戌. 聚訟無定, 古法至今, 漸失傳矣.

이렇게 유추하면, 1년에 하나씩 흘러가는 것은 남녀를 막론하고 모두 순서대로 흘러간다. 그런데 석담형釋曇瑩은『낙록자삼명소식부珞琭子三命消息賦』를 주석하면서 또 어느 해에 태어난 사람인지를 논하지 않고, 일률적으로 남자는 병인丙寅에서 시작하여 순서대로 흘러가고, 여자는 임신壬申에서 시작하여 거꾸로 흘러가는 것으로 논했으니, 어느 것이 옳은지 모르겠다. 다시 갑자순甲子旬에서는 위처럼 시작하고, 갑술순甲戌旬에서는 남자는 병자丙子에서 여자는 임오壬午에서, 갑신순甲申旬에서는 남자는 병술丙戌에서 여자는 임진壬辰에서, 갑오순甲

午旬에서는 남자는 병신丙申에서 여자는 임인壬寅에서, 갑진순甲辰旬에서는 남자는 병오丙午에서 여자는 임자壬子에서, 갑인순甲寅旬에서는 남자는 병진丙辰에서 여자는 임술壬戌에서 시작하는 것이 있다. 논쟁을 취합해도 정론이 없으니, 옛날의 법이 지금에 오면서 점차로 실전되었다.

上兩種推算方法, 皆未必正確. 孩穉之時, 在父母蔭庇下, 未有獨立環境, 論命不論運. 如欲推算, 則大運自月建出, 未交進大運前, 卽以月建爲大運, 參以流年, 吉凶可睹.

위에서 두 종류의 계산 방법은 모두 정확한 것이 아니다. 어릴 때는 부모의 보호 아래에 있어 독립된 환경이 없으니, 명을 논하고 운을 논하지 않는다. 만약 계산하고 싶다면, 대운은 월건月建에서 시작되니, 대운에 들어가기 전은 곧 월건을 대운으로 삼아 유년流年과 참조하면 길흉을 알 수 있다.

譬如三歲交進大運, 三歲以前之運, 卽月建也. 此說雖爲命理書中所未明載, 而珞祿子消息賦曇瑩註所引例證, 皆以月建幷入大運以理推之, 較之上兩說爲準確也.

예를 들어 3살에 대운에 들어간다면 3살 이전의 운은 곧 월건月建이다. 이 설명은 명리학 책에 분명하게 실려 있지는 않지만 『낙록자소식부珞琭子消息賦』의 주석에서 담형曇瑩이 사례를 인용하여 증명한 것으로 모두 월건을 대운에 함께 넣어 이치로 미룬 것이다. 위의 두 설명과 비교하면 정확하다.

# 11. 유년[流年]

流年者, 本年之太歲也, 如今年戊寅, 以戊寅爲流年. 明年己卯以己卯爲流年. 太歲爲一歲之尊神, 管一年之吉凶, 又名游行太歲.

유년流年은 그 해의 태세太歲이니, 이를테면 올해 戊寅年은 무인년이 유년이고, 내년 기묘년己卯年은 기묘년이 유년이다. 태세는 한 해의 존귀한 신神으로 1년의 길흉을 관장하고, 또 흘러가는 태세라고 한다.

- **說明.** 一切神煞, 皆從太歲出, 故云一歲之尊神. 八字中之神煞, 從當生太歲出. 一年之神煞, 從游行太歲出, 詳下神煞篇.
- **설명:** 온갖 신살神煞은 모두 태세에서 나오기 때문에 1년의 존귀한 신이라고 한다. 팔자八字 속의 신살은 태어난 태세에서 나오고, 1년의 신살은 흘러가는 태세에서 나온다. 아래의 「신살」편에서 자세히 설명하겠다.

## 12. 명궁의 계산법[推命宮法]

命宮者, 生時太陽所在地, 卽地平宮也. 如正月雨水後, 太陽在亥, 是爲太陽宮. 日出卯正, 如卯時生亥宮, 適在地平線上, 卽以亥爲命宮. 辰時生, 地平線在戌, (加地平之右一位) 卽以戌爲命宮. 欲知命宮之推算法, 宜先知太陽宮. 太陽宮, 卽月將也. (神煞之一)

명궁命宮은 태어난 시간의 태양의 위치 곧 지평궁地平宮이다. 이를테면 정월正月의 우수雨水 뒤에는 태양이 해궁亥宮에 있으니, 이것이 태양궁太陽宮이다. 해가 뜨는 묘정卯正, 이를테면 묘시卯時에 태어나면 해궁亥宮이 마침 지평선에 있는 것이니 곧 해亥가 명궁命宮이다. 진시辰時에 태어나면 (지평地平의 오른쪽 한 자리를 더해) 지평선이 술궁戌宮에 있으니, 곧 술궁戌宮이 명궁이다. 명궁의 계산법을 알고 싶으면 먼저 태양궁을 알아야 한다. 태양궁은 곧 (신살神煞의 하나인) 월장月將이다.

| | | |
|---|---|---|
| 正月亥宮 | 二月戌宮 | 三月酉宮 |
| 四月申宮 | 五月未宮 | 六月午宮 |
| 七月巳宮 | 八月辰宮 | 九月卯宮 |
| 十月寅宮 | 十一月丑宮 | 十二月子宮 |
| 정월은 해궁, | 이월은 술궁, | 삼월은 유궁, |
| 사월은 신궁, | 오월은 미궁, | 유월은 오궁. |
| 칠월은 사궁, | 팔월은 진궁, | 구월은 묘궁, |
| 십월은 인궁, | 십일월은 축궁, | 십이월은 자궁. |

太陽宮, 卽月建六合之宮. 明代經欽天監實測, 歲差所積相差十五度, 正月須過雨水中氣後, 太陽方臨亥宮, 雨水之前, 尙在子宮. (與十二月後半月同) 以次挨推, 二月須春分後, 方是戌宮, 三月穀雨後, 方是酉宮. 故命宮推法, 以正月加於子位, 向亥逆推, 至所生之月爲止, 卽是太陽宮.

태양궁太陽宮은 곧 월건이 육합六合하는 궁이다. 명대明代의 국립천문대[欽天監]에서 실제로 관측한 것을 기준으로 하면, 세차에 누적되는 것이 서로 15° 어긋나서 정월에는 반드시 가운데 있는 기氣인 우수雨水를 지난 다음에 태양이 해궁亥宮에 있으니, (12달에서 반달이 지난 것과 같음) 우수의 전에는 여전히 자궁子宮에 있다. 차례대로 계산하면, 2월은 춘분 다음이 술궁戌宮이고, 3월은 곡우 다음이 유궁酉宮이다. 그러므로 명궁의 계산법은 정월을 자子의 자리에 놓고, 해亥를 향해 거꾸로 헤아려 태어난 달에 이르러 멈추면 바로 태양궁이다.

- **說明.** 正月加於子位逆推, 中氣後作下月推算, 卽提前半月之故也.
- **설명:** 정월을 자子의 자리에 놓고 거꾸로 헤아리는데, 가운데 기氣를 지난 다음을 달이 된 것으로 계산하니, 곧 앞의 반달이 걸려있기 때문이다.

再以生時加於太陽宮, 順數至卯, 所到之位卽是命宮. 譬如戊寅二月初十日辰時生, 查是年二月二十日春分, 初十在春前. 以正月加子, 逆推二月在亥, 以亥爲太陽宮. 再以生時辰加臨太陽宮亥位, 順數至卯, 在戌位, 卽以戌爲命宮. 以生年天干照五鼠遁法遁, 其天干得壬戌. 是知命宮爲壬戌也.

다시 태어난 때를 태양궁에 놓고, 순서대로 헤아려 묘궁卯宮에 왔으면 그곳이 곧 명궁이다. 예를 들어 무인년戊寅年 2월 10일 진시辰時에 태어났을 경우, 그 해의 2월 20일이 춘분인 것을 참조하면, 10일은 춘분 이전이다. 정월을 자子에 놓고 거꾸로 헤아리면 2월이 해亥에 있으니, 해亥가 태양궁이다. 다시 태어난 진시辰時를 태양궁인

해亥의 자리에 놓고 순서대로 묘卯 까지 헤아리면, 술戌의 자리에 있으니 바로 술戌이 명궁이다. 태어난 해의 천간을 오서둔법五鼠遁法으로 헤아려나가면, 그 천간이 술戌에 임壬이니, 명궁이 壬戌임을 알게 된다.

|  巳  |  午  |  未  |  申  |
|---|---|---|---|
| 戌 | 亥 | 子 | 丑 |
| 辰 |   |   | 酉 |
| 酉 |   |   | 寅 |
| 卯 |   |   | 戌 |
| 申 |   |   | 卯 |
| 寅 | 丑 | 子 | 亥 |
| 未 | 午 | 巳 正月 | 辰 二月 |

以上爲簡捷推算之方法, 更列表於下, 以便檢查.

이상이 간단하고 빠르게 계산하는 방법이라서 다시 아래에 표를 만들어 편하게 대조하게 했다.

## 월로 명을 세워 국을 정한 표[逐月立命定局表]

연으로 간을 계산[以年遁干]

| 冬至後大寒前 | 小雪後冬至前 | 霜降後小雪前 | 秋分後霜降前 | 處暑後秋分前 | 大暑後處暑前 | 夏至後大暑前 | 小滿後夏至前 | 穀雨後小滿前 | 春分後穀雨前 | 雨水後春分前 | 大寒後雨水前 | 命宮 生時 |
|---|---|---|---|---|---|---|---|---|---|---|---|---|
| 辰 | 巳 | 午 | 未 | 申 | 酉 | 戌 | 亥 | 子 | 丑 | 寅 | 卯 | 子 |
| 卯 | 辰 | 巳 | 午 | 未 | 申 | 酉 | 戌 | 亥 | 子 | 丑 | 寅 | 丑 |
| 寅 | 卯 | 辰 | 巳 | 午 | 未 | 申 | 酉 | 戌 | 亥 | 子 | 丑 | 寅 |
| 丑 | 寅 | 卯 | 辰 | 巳 | 午 | 未 | 申 | 酉 | 戌 | 亥 | 子 | 卯 |
| 子 | 丑 | 寅 | 卯 | 辰 | 巳 | 午 | 未 | 申 | 酉 | 戌 | 亥 | 辰 |
| 亥 | 子 | 丑 | 寅 | 卯 | 辰 | 巳 | 午 | 未 | 申 | 酉 | 戌 | 巳 |
| 戌 | 亥 | 子 | 丑 | 寅 | 卯 | 辰 | 巳 | 午 | 未 | 申 | 酉 | 午 |
| 酉 | 戌 | 亥 | 子 | 丑 | 寅 | 卯 | 辰 | 巳 | 午 | 未 | 申 | 未 |
| 申 | 酉 | 戌 | 亥 | 子 | 丑 | 寅 | 卯 | 辰 | 巳 | 午 | 未 | 申 |
| 未 | 申 | 酉 | 戌 | 亥 | 子 | 丑 | 寅 | 卯 | 辰 | 巳 | 午 | 酉 |
| 午 | 未 | 申 | 酉 | 戌 | 亥 | 子 | 丑 | 寅 | 卯 | 辰 | 巳 | 戌 |
| 巳 | 午 | 未 | 申 | 酉 | 戌 | 亥 | 子 | 丑 | 寅 | 卯 | 辰 | 亥 |

# 13. 태원의 계산법[推胎元法]

胎元者, 受胎之月也. 星家重命宮, 而子平法重胎元. 星家重太陽, 命宮者, 誕生時, 太陽所臨之度也. 子平法重秉賦, 月日時胎, 秉賦之始也. 十月懷胎, 理之常經, 命理推測, 皆照十個月計算. 常人不自知其住胎月份, 不得已以常理推之. 然有年月日時同而休咎不同者, 其故可思也, 故胎元應照其受胎之月數而定. 不知受胎之月數者, 作十個月計算, 從其多數也. 推法有二.

태원胎元은 잉태된 달이다. 천문학자들은 명궁命宮을 중시하고, 자평의 법에서는 태원胎元을 중시한다. 천문학자들이 태양을 중시하는 것은 명궁이 태어날 때의 태양이 있는 도수이기 때문이다. 자평의 법에서 '선천적 자질[秉賦]'을 중시하는 것은 월月·일日·시時의 잉태가 선천적인 자질의 시작이기 때문이다. 10달 동안 잉태하는 것은 일반적인 이치여서 명리적인 추측으로 모두 10달에 따라 계산한다. 일반 사람들은 잉태된 달을 스스로 알지 못해 어쩔 수 없이 일반적인 이치로 추측하는 것이다. 그러나 연年·월月·일日·시時가 같은데도 길흉이 같지 않은 것은 그 까닭을 생각해 봐야 하기 때문에 태원은 잉태된 달의 수에 따라 정한다. 그런데 잉태된 달의 수를 모를 경우에 10달로 하는 것은 다수를 따를 것이다. 계산법에는 두 가지가 있다.

一. 以生日之干支爲胎元. 住胎十月, 爲三百日, 花甲五周, 如甲子日生, 前三百日, 亦是甲子日也. 然懷胎十月, 實僅二百八十日, 命理以秉賦之氣爲主, 生日干支之說, 於理不符.

1. 태어난 날의 간지干支를 태원胎元으로 삼는다. 잉태된 10달이 300일이면, 60갑자가 5바퀴를 도니, 갑자일에 태어났다면 그 앞의 300일도 갑자일이기 때문이다. 그러나 잉태된 10달은 실로 겨우 280일이고, 명리는 선천적인 자질의 기운을 위주로 하니, 태어난 날의 간지를 태원으로 하는 설명은 이치에 맞지 않는다.

二. 生月之前十個月之月建爲胎元. 簡便推法, 以月建干支爲主, 干前一位支前三位卽是. 如乙卯月, 干前一位爲丙, 支前三位爲午, 卽以丙午爲胎元. 此卽生月前十個月之月建也.

2. 태어나기 10달 전의 월건을 태원胎元으로 삼는다 간편하게 계산하여 월건의 간지를 주로 한 것으로, 천간 한 칸 앞의 자리와 지지 세 칸 앞의 자리가 곧 여기에 해당한다. 이를테면 을묘월乙卯月일 경우, 천간 한 칸 앞의 자리는 병丙이고, 지지 세 칸 앞의 자리는 오午이니, 곧 병오丙午가 태원胎元이다. 이것은 곧 태어난 달 10달 앞의 월건이다.

命宮胎元, 皆不過供參考. 若八字看法, 已顯著確定者, 置不論. 命胎不能改變八字之定局也. 若疑惑不決, 參以命胎, 二者之中. 以胎元爲尤重. 若不足拾個月, 或逾拾個月者, 依其受胎之月份定之. (看法詳下第五編, 論胎元重於命宮篇)

명궁命宮과 태원胎元은 모두 참고에 지나지 않는다. 만약 팔자 보는 방법에서 이미 현저하게 확정된 것이라면 놔두고 논하지 않으니, 명궁과 태원으로는 정해진 형국을 바꿀 수 없기 때문이다. 의혹이 해결되지 않는다면, 명궁과 태원을 참고하는데, 두 가지 중에서 태원이 더욱 중요하다. 10달에 부족하거나 넘어간 것은 잉태된 달로 정한다. (보는 방법은 아래의 제 5편 「명궁이 태원보다 중요함」편에서 자세히 설명하겠음)

## 14. 소한의 계산법[推小限法]

推小限法, 以當生年之支, 加於命宮上, 以次逆數, 至流年歲支爲止, 所臨之位, 卽是小限. 如上戊寅一造, 戌爲命宮, 推己卯年之小限, 以寅加戌, 逆數至卯, 在酉位, 卽以酉爲小限. 再以己干遁之, 得癸酉. 知小限爲癸酉也.

소한小限의 계산법은 태어난 해의 지지를 명궁에 놓고 차례로 거꾸로 헤아려 유년에서 연년의 지지에 멈추면 그 곳이 곧 소한이다. 앞에 있는 무인戊寅이라는 명조는 술戌이 명궁命宮이니, 기묘년己卯年의 소한을 계산할 경우에 술戌에 인寅을 놓고 거꾸로 헤아려 묘卯가 되는 곳이 유酉의 자리이다. 다시 기己인 천간으로 헤아리면 계유癸酉이니, 소한이 계유癸酉임을 알겠다.

小限者, 對大限而言. 命宮小限, 皆爲看神煞之用. 子平法中, 應用甚少, 附誌於此.

소한小限은 대한大限에 짝하여 말한 것이다. 명궁과 소한은 모두 신살의 작용을 보는 것이다. 자평의 법에서 아주 적게나마 응용되니, 여기에 덧붙여 기록한다.

# 제3편

# 회합의 변화 [會合變化]

참고서는 『자평진전평주』[參考書子平眞詮評註]

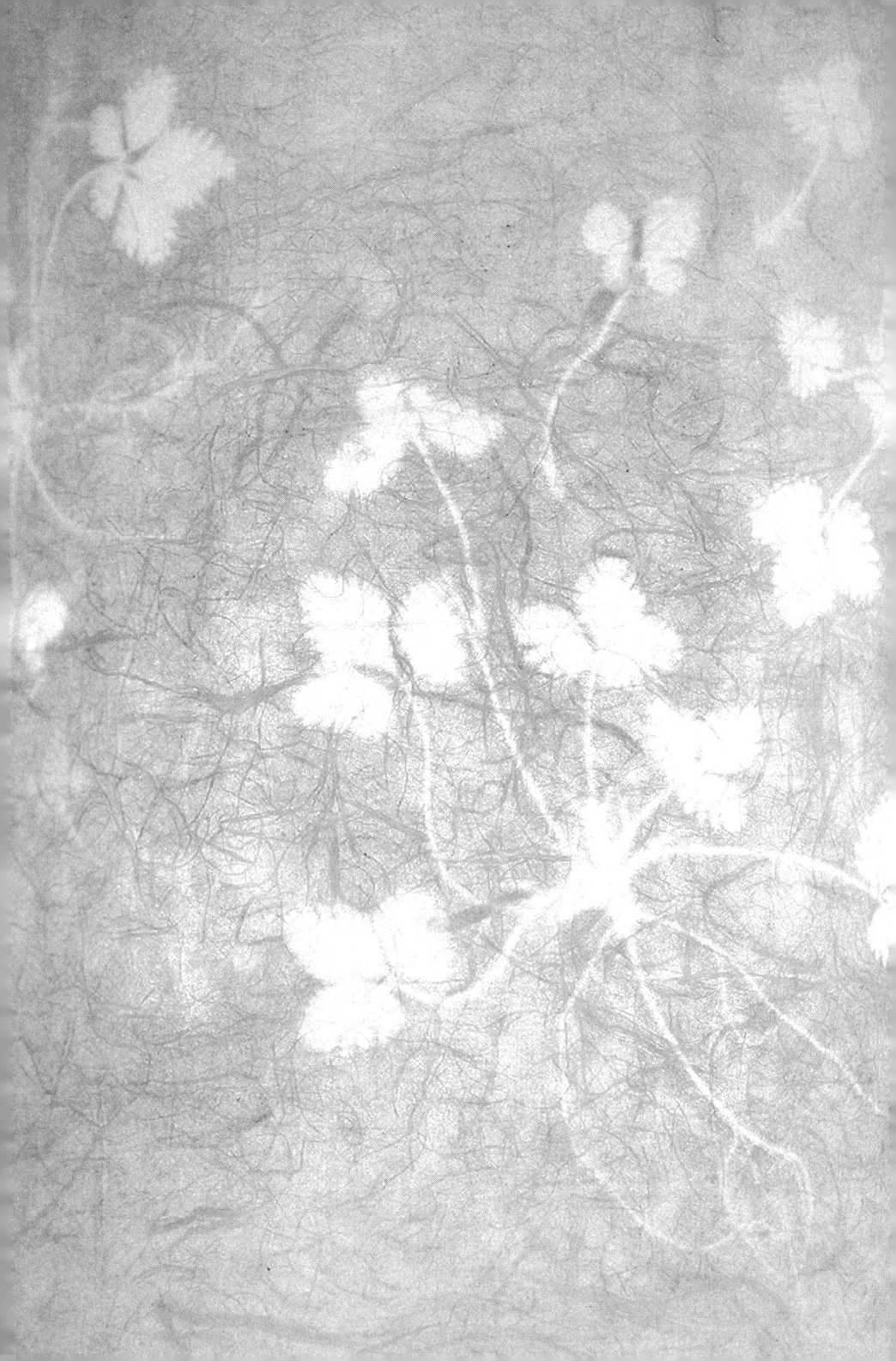

# 1. 천간의 오합[天干五合]

五合者, 甲己相合, 乙庚相合, 丙辛相合, 丁壬相合, 戊癸相合也. 相合之理, 源於河圖, 一六共宗, 二七同道, 三八爲朋, 四九爲友, 五十同途.

오합은 갑甲과 기己가 서로 합하고, 을乙과 경庚이 서로 합하며, 병丙과 신辛이 서로 합하고, 정丁과 임壬이 서로 합하며, 무戊와 계癸가 서로 합하는 것이다. 서로 합하는 이치는 하도河圖에 근원하니, 1과 6은 근본을 함께 하고, 2와 7은 도를 같이 하며, 3과 8은 친구가 되고, 4와 9는 벗이 되며, 5와 10은 길을 함께 한다.

| 甲一 | 乙二 | 丙三 | 丁四 | 戊五 |
| 己六 | 庚七 | 辛八 | 壬九 | 癸十 |
| 갑일 | 을이 | 병삼 | 정사 | 무오 |
| 기육 | 경칠 | 신팔 | 임구 | 계십 |

更就其用言之, 從甲日起甲子時挨次排列. 乙日起丙子, 丙日起戊子, 丁日起庚子, 戊日起壬子. 經五日而花甲一週. (故言節氣者, 以五日爲一候) 己日又起甲子. 己與甲之用同, 故甲與己合, 庚與乙之用同, 故乙與庚合, 丙與辛之用同, 故丙與辛合, 丁與壬之用同, 故丁與壬合, 戊與癸之用同, 故戊與癸合.

다시 그 쓰임으로 말하면, 갑일甲日은 갑자甲子에서 시작하여 순서대로 배열한다. 을일乙日은 병자에서 시작하고, 병일丙日은 무자戊子에서 시작하며, 정일丁日은 병자丙子에서 시작하고, 무일戊日은 임자壬子에서 시작한다. 5일이 지나면 60갑자가 한 바퀴 돈다. (그러므로 절節과 기氣를 말할 경우, 5일이 1후候임) 기일은 또 갑자에서 시작한다. 기己와 갑甲의 쓰임이 같기 때문에 갑甲과 기己가 합하고, 경庚과 을乙의 쓰임이 같기 때문에 을乙과 경庚이 합하며, 병丙과 신辛의 쓰임이 같기 때문에 병丙과 신辛이 합하고, 정丁과 임壬의 쓰임이 같기 때문에 정丁과 임壬이 합하며, 무戊와 계癸의 쓰임이 같기 때문에 무戊와 계癸가 합한다.

| | | | | | | | | | | | | |
|---|---|---|---|---|---|---|---|---|---|---|---|---|
| 甲己 | 年日 | 甲子 | 乙丑 | 丙寅 | 丁卯 | 戊辰 | 己巳 | 庚午 | 辛未 | 壬申 | 癸酉 | 甲戌 | 乙亥 |
| 乙庚 | 年日 | 丙子 | 丁丑 | 戊寅 | 己卯 | 庚辰 | 辛巳 | 壬午 | 癸未 | 甲申 | 乙酉 | 丙戌 | 丁亥 |
| 丙辛 | 年日 | 戊子 | 己丑 | 庚寅 | 辛卯 | 壬辰 | 癸巳 | 甲午 | 乙未 | 丙申 | 丁酉 | 戊戌 | 己亥 |
| 丁壬 | 年日 | 庚子 | 辛丑 | 壬寅 | 癸卯 | 甲辰 | 乙巳 | 丙午 | 丁未 | 戊申 | 己酉 | 庚戌 | 辛亥 |
| 戊癸 | 年日 | 壬子 | 癸丑 | 甲寅 | 乙卯 | 丙辰 | 丁巳 | 戊午 | 己未 | 庚申 | 辛酉 | 壬戌 | 癸亥 |

| 갑기 | 연일 | 갑자 을축 병인 정묘 무진 기사 경오 신미 임신 계유 갑술 을해 |
| 을경 | 연일 | 병자 정축 무인 기묘 경진 신사 임오 계미 갑신 을유 병술 정해 |
| 병신 | 연일 | 무자 기축 경인 신묘 임진 계사 갑오 을미 병신 정유 무술 기해 |
| 정임 | 연일 | 경자 신축 임인 계묘 갑진 을사 병오 정미 무신 기유 경술 신해 |
| 무계 | 연일 | 임자 계축 갑인 을묘 병진 정사 무오 기미 경신 신유 임술 계해 |

合非化也. 五合根據河圖, 化合根據內經. 河圖一六共宗, 居北爲水, 二七同道, 居南爲金, 三八爲朋, 居東爲木, 四九相友, 居西爲火, 五十同途, 居中爲土. 與五運之甲己化土, 乙庚化金, 丙辛化水, 丁壬化木, 戊癸化火, 截然殊途. (五運之義, 見內經五運大論, 詳命理尋源, 不贅) 今人見合, 皆作化論, 殊誤.

합합은 화化가 아니다. 오합은 하도河圖에 근거하고, 화합化합은 『내경內經』에 근거한다. 하도에서 1과 6은 근본을 함께 하여 북쪽에 있으면서 수水가 되고, 2와 7은 도를 같이 하여 남쪽에 있으면서 금金이 되며, 3과 8은 친구가 되어 동쪽에 있으면서 목木이 되고, 4와 9는 서로 벗이 되어 서쪽에 있으면서 화火가 되며, 5와 10은 길을 함께 하여 가운데 있으면서 토土가 된다. 그러니 오운五運에서 갑甲과 기己가 토土로, 병丙과 신辛이 수水로, 정丁과 임壬이 목木으로, 무戊와 계癸가 화火로 변화하는 것과는 분명히 길을 달리한다. (오운의 의미는 『내경·

오운대론』에 있고, 『명리심원命理尋源』에서 자세히 설명했으니, 군더더기를 덧붙이지 않겠음) 요즘 사람들은 합습을 보고 모두 화化로 논하는데, 이것은 아주 잘못된 것이다.

 蓋合者, 如夫婦配偶, 甲己相合, 甲以己爲妻, 己以甲爲夫, 乙庚相合, 乙以庚爲夫, 庚以乙爲妻. 彼此有情, 相配而合, 卽神煞中之天貴. (見第六編天星起例)

 합합은 부부가 짝하는 것과 같으니, 갑甲과 기己가 서로 합함에 갑甲은 기己를 아내로 삼고 기己는 갑甲을 남편으로 삼는 것이고, 을乙과 경庚이 서로 합함에 을乙은 경庚을 남편으로 경庚은 을乙을 아내로 삼는 것이다. 피차가 마음이 있어 서로 짝을 지어 합하니, 곧 신살神煞에서 천귀天貴이다. (제 6편의「천간의 별에 대한 유례」에 있음)

 化者, 變其原來之性質, 非一方偏旺, 條件具備, 不能發生變化也. (詳體用之變節) 命理中五合, 隨處有之, 化氣爲罕見之變格, 非可一例論也. 凡五合三會六合, 各有原理, 各有取義. 明其義, 自不致牽扯誤會, 爲似是而非之俗說所誤矣.

 화化는 원래의 성질을 변화시키는 것이니, 한쪽이 치우치게 왕

旺하고 또 조건이 구비되지 않으면 변화가 발생될 수 없다. (「체와 용의 변화」절에서 자세히 설명하겠음) 명리에서 오합은 곳에 따라 있는데, '변화된 기[化氣]'는 드물게 나타나는 변격이니, 하나의 사례로 논할 수 있는 것이 아니다. 오합五合·삼회三會·육합六合은 각기 원리가 있어 각기 의미를 취하였다. 그것들의 의미를 분명하게 하면, 스스로 오해하여 사이비 속설의 잘못을 행하지 않을 것이다.

干與干相遇爲明合, 地支所藏人元之用, 相遇爲暗合. 兩支毗連, 各取其祿旺之氣. 如子巳相合, (子中癸水得祿, 巳中戊土得祿) 卽戊癸合也. 寅丑或寅未相合, (甲己) 卯申相合, (乙庚) 辰子或戌子相合, (戊癸) 巳丑相合, (丙辛戊癸. 巳酉會局, 不以合論) 午亥相合, (丁壬甲己) 凡兩支有合, 互相勾聯, 氣勢藉以團結. 凡命造之佳者必多合, 非以化論也.

천간과 천간이 서로 만나는 것은 명합明合이고, 지지에 숨어있는 '인원의 쓰임[人元之用]'이 서로 만나는 것은 암합暗合이다. 두 지지가 인접하여 각기 녹禄·왕旺의 기氣를 취하여 이를테면 자子와 사巳가 서로 합하니, (자子 속의 계수癸水가 녹禄이고 사巳 속의 무토戊土가 녹임) 곧 무계戊癸합이다. 인寅과 축丑 혹 인寅과 미未가 (갑甲과 기己로) 서로 합하고, 묘卯와 신申이 (을乙과 경庚으로) 서로 합하며, 진辰과 자子 혹은 술戌과 자子가 (무戊와 계癸로) 서로 합하고, 사巳와 축丑이 (사巳와 酉의 회국會局은 합으로 논하지 않음. 병丙과 신辛으로, 무戊와 계癸로) 서로 합하며, 오午와 해亥가 (정丁과 임壬으로, 갑甲과 기己로) 서로 합하니, 두 지지에 합이 있고 서로 연결되어 기세가 서로 도움이 되어 단결한 것이다. 좋은 명조는 반드시 합合이 많은데, 화化로 논한 것이 아니다.

## 2. 지지의 육합[地支六合]

六合者, 五星法中之七政也. 日月金木水火土 子丑在下爲地. 午爲日, 未爲月. 日月在上爲天. 地氣上升, 而有春夏秋冬之序, 故寅亥合木春也, 卯戌合火夏也, 辰酉合金秋也, 巳申合水冬也.

육합은 오성법五星法의 칠정七政일日·월月·금金·목木·수水·화火·토土이다. 자子와 축丑은 아래에서 땅이 된다. 오午는 해가 되고 미未는 달이 되니, 그것들이 위에서 하늘이 된다. 지기地氣가 위로 올라와 춘하추동의 순서가 있기 때문에, 인寅과 해亥가 합하니 목木의 봄이고, 묘卯와 술戌이 합하니 화火의 여름이며, 진辰과 유酉가 합하니 금金의 가을이고, 사巳와 신申이 합하니 수水의 겨울이다.

杭辛齋學易筆談, 謂地氣上升, 故寅亥木, 卯戌火, 天氣下降, 應作巳申金, 辰酉水. 是說也. 不合四時之序, 未可信以爲據. 今人以,

『항신재학역필담杭辛齋學易筆談』에서 "지기地氣가 위로 올라가기 때문에 인寅과 해亥가 목木이고 묘卯와 술戌이 화火이다. 천기天氣가 아래로 내려오면 사巳와 신申은 금金이 되어야 하고 진辰과 유酉은 수水가 되어야 한다"라고 하였다. 이 설명은 사시四時의 순서에 맞지 않으니, 그것들을 근거로 믿을 수 없다. 요즘 사람들은

子丑合化土, 寅亥合化木, 卯戌合化火,<br>
辰酉合化金, 巳申合化水, 午未合化火,

'자子와 축丑이 합하여 토土로 변화하고, 인寅과 해亥가 합하여 목木으로 변화하며, 묘卯와 술戌이 합하여 화火로 변화하고, 진辰과 유酉가 합하여 금金으로 변화하며, 사巳와 신申이 합하여 수水로 변화하고, 오午와 미未가 합하여 화火로 변화한다'고 생각하는데,

要知六合並無化義. (合是合, 化是化, 不可同論) 子丑合土, 土卽地也. 水土并而成淫土. 寅亥爲木之長生臨官, 木旺可知. 辰酉淫土生金, 午未南方火旺, 其用皆正, 特非化也.

육합에는 모두 화의 의미가 없음(합合은 합合이고 화化는 화化이니 한가지로 논할 수 없음)을 알아야 한다. 자子와 축丑이 합하여 토土이니, 토土는 땅이다. 수水와 토土가 함께 뭉쳐 습토淫土가 된 것이다. 인寅과 해亥는 목木의 장생長生과 임관臨官이니, 목木이 왕旺

함을 알 수 있다. 진辰과 유酉는 습토濕土와 생금生金이고, 오午와 미未는 남방이고 화火가 왕旺한 것이어서 그 쓰임이 모두 바르니 특별히 변화한 것은 아니다.

至於戌墓庫之火, 雖卯木生之, 其用已微. 申宮水值長生, 巳宮戊土祿旺, 巳申相合, 豈能化水. 宜乎杭辛齋筆談有合金之疑也.

묘墓·고庫인 술戌의 화火에서 묘목卯木이 나올지라도 그 쓰임은 이미 미미하다. 신궁申宮에서는 수水가 장생하고, 사궁巳宮에서는 무토戊土가 녹왕祿旺하는 곳인데, 사巳와 신申이 서로 합해 어떻게 수水로 변화하겠는가? 『항신재학역필담』에 합하여 금金으로 된다는 의혹이 있는 것은 당연하다.

六合之有合義, 由於太陽宮常處於地球之對方. 如正月寅太陽在亥, 二月卯太陽在戌, 三月辰太陽在酉, 四月巳太陽在申, 五月午太陽在未, 六月未太陽在午, 推而至於申月在巳, 酉月在辰, 戌月在卯, 亥月在寅, 子月在丑, 丑月在子, (即是月將, 詳神煞篇) 故有合之義, 以配春夏秋冬之序而已. 視爲化水化火, 太無意義, 置之不論可也.

육합六合에 있는 합의 의미는 태양궁이 항상 지구의 반대 방향에 있는 것에서 유래한다. 이를테면 정월의 인寅에서는 태양이 해亥에, 2월의 묘卯에서는 태양이 술戌에, 3월의 진辰에서는 태양이 유酉에,

4월인 사巳에서는 태양이 신申에, 5월인 오午에서는 태양이 미未에, 6월인 미未에서는 태양이 오午에 있고, 계속 미루어 신申월에서는 사巳에, 유酉월에서는 진辰에, 술戌월에서는 묘卯에, 해亥월에서는 인寅에, 자子월에서는 축丑에, 축丑월에서는 자子에 있기(곧 월장月將으로 「신살神煞」편에서 자세히 설명하겠음) 때문에 합合의 의미가 있어 춘하추동의 순서로 배열하였을 뿐이다. 수水로 변화하고 화火로 변화한다고 보는 것은 거의 의미가 없으니 놔두고 논하지 않아도 된다.

# 3. 천지합덕표 1[天地合德表一]

天干五合, 地支六合, 錄自李虛中命書.

천간의 오합과 지지의 육합은 『이허중명서』에서 옮겨 씀

| 甲子 | 己丑 | 換貴德 | | 甲午 | 己未 | 敗夫承妻神省德 |
| 甲寅 | 己亥 | 三元承天德 | | 甲申 | 己巳 | 陰往陽承, 陽干敗絶德 |
| 甲辰 | 己酉 | 敗干失地德 | | 甲戌 | 己卯 | 自官從旺夫妻㺚 |
| 丙子 | 辛丑 | 陰盛歸陽藏敗德 | | 丙午 | 辛未 | 祿氣相資生合德 |
| 丙寅 | 辛亥 | 天地貴神重換德 | | 丙申 | 辛巳 | 祿承本祿生成德 |
| 丙辰 | 辛酉 | 兩祿相合、承地復敗德 | | 丙戌 | 辛卯 | 陽承本官干合德 |
| 戊子 | 癸丑 | 陽附貴而陰懷德 | | 戊午 | 癸未 | 祿命太過不承德 |
| 戊寅 | 癸亥 | 陽附陰神相濟德 | | 戊申 | 癸巳 | 各守擧而不敢刑德 |
| 戊辰 | 癸酉 | 祿命吉神德 | | 戊戌 | 癸卯 | 陰貴暗符重肯德 |
| 庚子 | 乙丑 | 支干合換貴自盛德 | | 庚午 | 乙未 | 干祿不備自敗德 |
| 庚寅 | 乙亥 | 陽附陰大貴德 | | 庚申 | 乙巳 | 帶刑帶鬼帶食德 |
| 庚辰 | 乙酉 | 金水未成用德 | | 庚戌 | 乙卯 | 祿承陰會小享德 |
| 壬子 | 丁丑 | 祿會官承換官德 | | 壬午 | 丁未 | 支干不合, 陽祿陰符德 |
| 壬寅 | 丁亥 | 祿貴本元生氣德 | | 壬申 | 丁巳 | 本合無刑陰貴德 |
| 壬辰 | 丁酉 | 貴位氣承淸潔德 | | 壬戌 | 丁卯 | 往來換官德 |

## 4. 천지합덕표 2[天地合德表二]

天干五合, 地支暗合, 錄自李虛中命書.
천간의 오합과 지지의 암합暗合은 『이허중명서』에서 옮겨 씀

甲寅 己未 (己丑)　　上文秀人臣調鼎格 下秀而不淸中貴格

甲辰 (甲戌) 己亥　　上下祿命秀合 重在守德侍從 一本添己酉　　按 癸姑亥中 辰戌同戊 故辰亥抵合 下同

甲午 己亥　　重敗祿 夫奔妻 有秀無祿格

甲申 己卯　　正夫絶 妻貴奔夫 正貴格 可作侍臣 亦非長遠之用

甲子 己巳　　祿厚重合奔妻 天地淸潰上品格

丙寅 辛丑 (辛未)　　上承妻貴奔夫大順格 下夫奔妻德通變秀和格

丙辰 (丙戌) 辛亥　　上自合承官妻貴格 下德貴相承自淸格

丙午 辛亥　　秀合神頭祿 先利後敗 夫婦文貴德

丙申 辛卯　　支下無地 秀而不英德

| | | |
|---|---|---|
| 丙子 辛巳 | | 陽祿無義 陰德相承 生旺格 |
| 戊寅 癸未 (癸丑) | | 上有貴 暗官不淸格 下有地 相通貴濁格 |
| 戊辰 (戊戌) 癸亥 | | 上妻奔夫神頭祿淸貴格 下官輕承兵印大權格 |
| 戊午 癸亥 | | 支干失地無官有祿空秀格 |
| 戊申 癸卯 | | 妻貴扶祿承合不秀格 |
| 戊子 癸巳 | | 癸祿往還秀氣人臣格 |
| 庚寅 乙未 (乙丑) | | 妻重貴秀 合兵印重權 上淸下濁格 |
| 庚辰 (庚戌) 乙亥 | | 二者魁罡相承 兵印重承 上淸下濁 |
| 庚午 乙亥 | | 夫旺妻旺格 中心有敗 |
| 庚申 乙卯 | | 祿頭專合 人臣剛毅格 |
| 庚子 乙巳 | | 秀合暗官 妻奔夫貴格 |
| 壬寅 丁未 (丁丑) | | 上陰地陽承反覆格 下秀合不淸高上格 |
| 壬辰 (壬戌) 丁亥 | | 上秀淸祿會格 下濁名卑位高格 |
| 壬午 丁亥 | | 陰附陽祿 陽承陰貴格 |
| 壬申 丁卯 | | 妻貴夫承官貴相交中貴格 |
| 壬子 丁巳 | | 祿貴會合暗官 虛中大用格 |

# 5. 삼합의 회국[三合會局]

地支相合之中, 以三合會局爲最重要. 三合源於內經之六氣. (詳五運大論) 六氣者, 初厥陰二少陰三少陽四太陰五陽明六太陽也. 岐伯曰, 天氣始於甲, 地氣始於子. (卽六氣)

지지가 서로 합合하는 가운데 삼합三合과 회국會局이 가장 중요하다. 삼합은 『내경內經』의 육기六氣에 근원한다. (「오운대론五運大論」에서 자세히 설명함) 육기六氣는 첫 번째가 궐음厥陰이고, 두 번째가 소음少陰이며, 세 번째가 소양少陽이고, 네 번째가 태음太陰이며, 다섯 번째가 양명陽明, 여섯 번째가 태양太陽이다. 기백岐伯[19]이 "하늘의 기氣는 갑甲에서 시작하고, 땅의 기氣는 자子(곧 육기六氣)에서 시작한다"라고 하였다.

子年初氣始於寅初一刻, 終於子正, (初氣卽厥陰之氣, 於命理無關,

---

[19] 기백岐伯: 황제黃帝 때의 명의名醫.

從略) 以至六氣始於午正初刻, 終於辰末, 丑年初氣始於巳初, 以至六氣終於未末, 寅年初氣始於申初, 以至六氣終於戌末, 卯年初氣始於亥初, 以至六氣終於丑末.

자년子年의 첫 번째 기는 인寅의 처음 일각一刻에서 시작하여 자정子正에서 끝나고, (초기初氣 곧 궐음의 기는 명리와 무관하니 생략) 여섯 번째 기가 정오正午 초각에서 시작하여 진시辰時 끝에서 끝나게 되고, 축년丑年의 첫 번째 기는 사시巳時 처음에서 시작하여 여섯 번째 기가 미시未時 끝에서 끝나게 되며, 인년寅年의 첫 번째 기는 신시申時 처음에서 시작하여 여섯 번째 기가 술시戌時 끝에서 끝나게 되고, 묘년卯年의 첫 번째 기는 해시亥時 처음에서 시작하여 여섯 번째 기가 축시丑時 끝에서 끝나게 된다.

辰年又始於寅, 挨次推排, 以四年爲一周. 辰年申年, 六氣又始於寅初, 與子年同, 巳年酉年, 六氣始於巳初, 與丑年同, 午年戌年, 六氣始於申初, 與寅年同, 未年亥年, 六氣始於亥初, 與卯年同. 因其氣之起迄進退相同, 故名三合.

진년辰年은 또 인寅에서 시작하여 순서대로 나아가니 4년을 하나의 주기로 한다. 진년辰年과 신년申年에는 여섯 기氣가 또 인시寅時 처음에서 시작하니 자년子年과 같고, 사년巳年과 유년酉年에는 여섯 기운이 사시巳時 처음에서 시작하니 축년丑年과 같으며, 오년午年과

술년戌年에는 여섯 기가 신시申時 처음에서 시작하니 인년寅年과 같고, 미년未年과 해년亥年에는 여섯 기가 해시亥時 처음에 시작하니 묘卯년과 같다. 기의 시작과 마침, 나아감과 물러남이 서로 같기 때문에 삼합이라고 한다.

| 水局 | 金局 | 火局 | 木局 |
|---|---|---|---|
| 子 | 丑 | 寅 | 卯 |
| 辰 | 巳 | 午 | 未 |
| 申 | 酉 | 戌 | 亥 |

| 수국 | 금국 | 화국 | 목국 |
|---|---|---|---|
| 자 | 축 | 인 | 묘 |
| 진 | 사 | 오 | 미 |
| 신 | 유 | 술 | 해 |

何以申子辰名爲水局耶. 子辰申三年, 地氣(六氣)起迄進退相同, 三支之中, 水之用又同. (申爲水之長生, 子爲水之旺地, 辰爲水之墓庫, 皆有水之用) 故申子辰三支並列, 其中獨有水之用步驟齊一, 力量倍增. (子辰中缺金之用, 子中無土之用) 卽使三支不全, 得子辰或子申兩支, 名半會局, 兩支之用, 步驟齊一. 其力量與亥子丑成方, 有不同者. (見下) 巳酉丑金局, 寅午戌火局, 亥卯未木局, 準此類推.

어째서 신申·자子·진辰의 이름을 수국水局이라고 하는가? 자子·진辰·신申 세 해는 땅의 기(여섯 기)의 시작과 마침, 나아감과 물러남이 서로 같고, 세 지지 중의 수의 쓰임이 또 같다. (신申은 수의 장생長生이고, 자子는 수의 왕지旺地이며, 진辰은 수의 묘고墓庫이니, 모두 수의 쓰임이 있음) 그러므로 신申·자子·진辰 세 지지를 나란히 세우면 그 가운데 유독 수의 쓰임이 차례로 가지런하여 역량이 배로 증가된다. (자子·진辰 중에는 금金의 쓰임이 부족하고, 자子 중에는 토土의 쓰임이 없음) 곧 세 지지가 완전하지 않고, 자子·진辰이나 자子·신申 두 지지만 있다면 반회국半會局이라 하는데, 두 지지의 쓰임이 차례로 가지런하다. 그런데 그 역량은 해亥·자子·축丑으로 방국을 이룬 것과 같지 않은 것이 있다. (아래에 있음) 인寅·오午·술戌 화국火局와 해亥·묘卯·미未 목국木局도 이렇게 유추한다.

參閱論五行篇五氣流行圖.
오행을 논하는 편에서 다섯 기운의 흐름 도표를 참조하라.

# 6. 지지의 네 방위[地支四方]

　四方者, 寅卯辰東方, 巳午未南方, 申酉戌西方, 亥子丑北方也. (參閱陰陽篇配合方位圖)

　사방은 인寅·묘卯·진辰 동방東方, 사巳·오午·미未 남방南方, 신申·유酉·술戌 서방西方, 해亥·자子·축丑 북방北方이다. (음양편의 오행 방위 배치도를 참조)

|  |  |  |  |
|---|---|---|---|
| 寅卯辰 東方 春 | 巳午未 南方 夏 |
| 申酉戌 西方 秋 | 亥子丑 北方 冬 |

| | | |
|---|---|---|
| 인묘진 동방 춘 | 사오미 남방 하 |
| 신유술 서방 추 | 해자축 북방 동 |

　方與局不同, 方之氣盛, 而局之氣專. 局不全得兩支者, 名半會局,

方不全得兩支者, 不能成方, 斯乃人元之用, 齊一與不齊一之異也.

방국과 회국은 같지 않으니, 방국의 기氣는 성대하고 회국의 기는 전일하다. 회국이 완전하지 않아 두 지지만 있는 경우는 반회국半會局이라 하고, 방국이 완전하지 않아 두 지지만 있는 경우는 방국을 이룰 수 없으니, 이것은 인원人元의 쓰임이 가지런한지 가지런하지 않은지의 차이 때문이다.

方與局, 皆以子午卯酉爲中心, 蓋三支中人元最旺之一支也. 如申子辰水局, 以子爲中心, 亥子丑北方, 亦以子爲中心. 如無子, 而申辰會局, 其力量較之于申[20]子辰爲弱. 若亥丑則不成爲方矣. 餘可類推.

방국과 회국은 모두 자子・오午・묘卯・유酉가 중심이니, 세 지지 가운데 인원人元이 가장 왕왕旺한 지지이기 때문이다. 이를테면 신申・자子・진辰 수국水局은 자子가 중심이고 해亥・자子・축丑 북방北方도 자子가 중심이다. 그런데 자子가 없이 신申・진辰 회국이라면 그 역량을 신申・자子・진辰에 비교한다면 약하다. 해亥・축丑이라면 방국이 성립되지 않는다. 나머지는 종류대로 헤아리면 된다.

---

[20] 원문에 '子申'으로 되어 있는 것을 문맥에 따라 '于申'으로 수정하였다.

# 7. 육충[六冲]

天干逢七爲剋, 地支逢七爲冲. 冲卽剋也. 故又名七煞. 地支六冲者,
천간은 일곱 번째 있는 것을 만나면 극剋이고, 지지는 일곱 번째
있는 것을 만나면 충冲이다. 충冲이 곧 극剋이기 때문에 칠살七煞이
라고 한다. 지지에서 육충은

子午冲  丑未冲  寅申冲  卯酉冲  辰戌冲  巳亥冲.
자오충  축미충  인신충  묘유충  진술충  사해충이다.

子午巳亥之冲, 爲水剋火, 寅申卯酉之冲, 爲金剋木. 辰戌丑未皆土
也, 同類相冲, 名爲朋冲. 然辰中墓庫之水, 未始不剋戌中墓庫之火,
戌中餘氣之金, 亦能剋辰中餘氣之木也.

자오충과 사해충은 수水가 화火를 극하는 것이고, 인신충과 묘유
충은 금金이 목木을 극하는 것이다. 진辰·술戌·축丑·미未는 모두

토土로 같은 것들끼리 서로 충하니 붕충朋沖이라고 한다. 그런데 진辰 가운데 묘고墓庫의 수水는 술戌 가운데 묘고의 화를 극하지 않음이 없고, 술戌 가운데 여기餘氣인 금金도 진辰 가운데 여기인 목木을 극할 수 있다.

丑未亦然, 丑中金水, 能尅未中之木火, 爲喜爲忌, 須察命造中喜用之物, 是否被尅而受損傷. 故六冲之中. 以辰戌丑未之冲爲最複雜也.

축丑과 미未도 그와 같아서 축丑 가운데 금金과 수水가 미未 가운데 목木과 화火를 극할 수 있으니, 반기고 꺼리는 것은 반드시 명조에서 반겨 쓰는 것이 극을 당해 손상되었는지를 살펴야 한다. 그러므로 육충 가운데 진辰·술戌·축丑·미未의 충이 가장 복잡하다.

# 8. 지지의 삼형파破도 덧붙임[地支三刑破附]

| 寅巳刑 | 午午自刑 | 戌未刑 |
|---|---|---|
| 巳申刑 | 酉酉自刑 | 丑戌刑 |
| 申寅刑 | 子卯刑 | 辰辰刑 |
| 亥亥自刑 | 卯子刑 | 未丑刑 |

三刑者, 子卯相刑, 寅巳申相刑, 丑戌未相刑, 辰見辰, 午見午, 酉見酉, 亥見亥, 爲自刑. 刑者, 滿之極也. 滿極則招損, 如寅午戌, 與巳午未南方相並, 則旺逾其度而爲刑. 列式如下.

삼형三刑이란, 子와 묘卯가 서로 형刑하고, 인寅·사巳·신申이 서로 형하며, 축丑·술戌·미未가 서로 형하고, 진辰이 진辰을, 오午가 오午를, 해亥가 해亥를 보는 것은 스스로 형하는 것이다. 형刑은 꽉 찬 것이 궁극까지 간 것이다. 꽉 찬 것이 궁극까지 가면, 덜어냄을 자초하니, 이를테면 인寅·오午·술戌이 사巳·오午·미未 남방과 서로 함께 있으면, 왕旺함이 그 정도를 넘어서 형이 된다. 다음처럼 나열한다.

| 인사형 | 오오 자형 | 술미형 |
|---|---|---|
| 사신형 | 유유 자형 | 축술형 |
| 신인형 | 자묘형 | 진진형 |
| 해해 자형 | 묘자형 | 미축형 |

古人論命, 以年爲主, 月日時相刑, 而年不預者, 不以刑論. 今法以日爲主, 似乎無足重輕, 然寅申相冲, 巳亥兩旁之氣乘虛而入, 是爲旁冲, (卽神煞中之亡神刼殺) 故三刑不必全見. 寅申見亥, 亦有動盪之義. 子卯相刑, 而見酉午, 或丑戌未相刑, 而見辰, 同一意義.

옛사람들이 명조를 논하면서 연年을 근본으로 하였기에 월月·일日·시時가 서로 형刑하지만 연年과 관계되지 않은 것은 형으로 논하지 않았다. 요즘의 법은 일日을 근본으로 하여 그다지 경중이 없는 것 같으나 인寅과 신申이 서로 충하고 사巳와 해亥 양쪽의 기氣가 치솟아 오르며 들어오면 거의 충이기 때문에 (곧 신살 중의 망신亡神과 겁살刼殺임) 삼형三刑은 굳이 다 볼 필요가 없다. 인寅과 신申이 해亥를 봐도 움직여서 흔들리는 의미가 있다. 자子와 묘卯가 형하는데 유酉나 오午를 보고, 축丑·술戌·미未가 형하는데 진辰을 보면 같은 의미이다.

上列方局之式, 錄自協記辨方, 所謂金剛火强, 各刑[21]其方, 木落歸根, 水流趨東是也. 其中水木兩局互易, 以符極十數之義. 書云. 十, 數之極也, 卯順數至子, 子逆數至卯, 皆十數也, 寅逆數至巳, 巳逆數至申, 丑順數至戌, 戌順數至未, 皆十數, 爲天道惡盈之戒. 年爲主, 故年不預者不論. 設以水局歸北, 木局歸東, 則四冲之義, 更爲顯著.

위에서 나열한 방국方局의 식式은 『자협기변방自協記辨方』에서 베꼈는데, 이른바 금金이 강하고 화火가 강하면 각기 자신의 방향을 형형刑하고, 목木은 쇠락하면 뿌리로 돌아가며, 수水는 동쪽으로 흘러 간다는 것이 이런 경우이다. 그 가운데 수水와 목木 양국은 책에서 "10은 수數의 궁극이니, 묘卯에서 순서대로 헤아려 자子에 이르고, 자子에서 거꾸로 헤아려 묘卯에 이르면, 모두 10번째 수이고, 인寅에서 거꾸로 헤아려 사巳에 이르고, 사巳에서 거꾸로 헤아려 신申에 이르며, 축丑에서 순서대로 헤아려 술戌에 이르고, 술戌에서 순서대로 헤아려 미未에 이르면 모두 10번째 수이니, 천도天道는 꽉 차 있는 것을 싫어한다는 경계이다. 연年을 근본으로 하기 때문에 연과 관계되지 않은 것은 논하지 않는다"라고 하였음. 가령 수국水局이 북쪽으로 돌아가고 목국木局이 동쪽으로 돌아간다면, 사충四冲의 의미는 더욱 현저해진다.

辰……丑刑　　未……辰刑　　戌……未刑　　丑……戌刑
子……子自刑　卯……卯自刑　午……午自刑　酉……酉自刑

---

21) 원문에 '守'로 되어 있는데, 문맥에 따라 '刑'으로 수정하였다.

申……亥刑   亥……寅刑   寅……巳刑   巳……申刑

진……축형   미……진형   술……미형   축……술형
자……자자형  묘……묘자형  오……오자형  유……유자형
신……해형   해……인형   인……사형   사……신형

更有破者, 僅卯破午, 午破酉三位, 餘皆不論. 子卯相刑, 子午相沖, 卯午午酉, 則相破, 追所以補三刑之缺也. 義詳上文, 不贅.

다시 파破가 있는 경우는 겨우 묘卯가 오午를 파破하고, 오午가 유酉를 파破하는 세 자리이니, 나머지는 모두 논하지 않는다. 자子와 묘卯가 서로 형刑하고, 자子와 오午가 서로 충沖하는데, 묘卯와 오午, 오午와 유酉가 서로 파破한다는 것은 삼형三刑까지는 되지 않아 더한 것이다. 그 의미는 위에서 자세히 설명하였으니 군더더기를 덧붙이지 않겠다.

## 9. 지지의 육해[地支六害]

六害, 又名六穿, 六合六冲化出, 冲其所合之神也. 子與丑合, 而未冲丑, 則未爲子害也, 子與丑合, 而午冲子, 則午爲丑害也. 餘可類推.

육해六害는 또 육천六穿이라고도 하니, 육합六合과 육충六冲이 뒤섞여 생기는 것으로 합합을 한 신神을 충冲하는 것이다. 자子와 축丑이 합을 하는데 미未가 축丑을 충하면 미未가 자子의 해害이고, 자子와 축丑이 합을 하는데 오午가 자子를 충하면 오午가 축丑의 해이다. 나머지도 그대로 헤아리면 된다.

| 子未害 | 丑午害 | 寅巳害 | 卯辰害 | 申亥害 | 酉戌害 |
| 자미해 | 축오해 | 인사해 | 묘진해 | 신해해 | 유술해 |

三刑六害, 在子平法中, 無多用處, 姑附於末, 俾知地支冲合之中有此一式耳.

삼형三刑과 육해六害는 자평의 법에서 대부분 쓸 곳이 없기에 잠시 뒤에 덧붙여 지지의 충沖과 합슴 가운데 이런 것이 있음을 알게 했을 뿐이다.

# 10. 녹과 인[祿刃]

祿者, 五行最旺之地也, 故陽干以臨官爲祿, 陰干以帝旺爲祿.

녹祿은 오행이 가장 왕旺한 곳이기 때문에 양간은 임관臨官이 녹이고 음간은 제왕帝旺이 녹이다.

甲祿在寅　乙祿在卯　丙戊祿在巳　丁己祿在午
庚祿在申　辛祿在酉　壬祿在亥　癸祿在子

갑甲은 인寅에서, 을乙은 묘卯에서, 병丙과 무戊는 사巳에서, 정丁과 기己는 오午에서, 경庚은 신申에서, 신辛은 유酉에서, 임壬은 해亥에서, 계癸는 자子에서 녹祿이다.

刃者, 旺逾其度也. 陽干至帝旺位, 旺逾其度, 與刼有不同, 故取刼之半邊字, 名之爲刃. 惟陽干有之, 故名陽刃. 陰干, 以帝旺爲極, 無逾度之理. 進爲衰位, 退至臨官, 不旺不衰, 故陰干無刃.

　인끼은 왕旺함이 그 정도를 넘어선 것이다. 양간은 제왕帝旺의 자리에 오면 왕함이 그 정도를 넘어서서 겁재劫財과는 다르기 때문에 겁재劫財자의 오른 쪽 부분을 취하여 인끼이라고 하였다. 양간에만 있기 때문에 양인陽刃이라고 한다. 음간은 제왕帝旺이 끝이어서 정도를 넘을 리가 없다. 나아가면 쇠衰의 자리이고 물러나면 임관臨官이어서 왕하지도 않고 쇠하지도 않기 때문에 음간에는 인끼이 없다.

甲刃在卯　丙戊刃在午　庚刃在酉　壬刃在子

　갑甲은 묘卯에서, 병丙과 무戊는 오午에서, 경庚은 유酉에서, 임壬은 자子에서 인끼이다.

# 11. 왕·쇠·강·약을 논함[論旺衰强弱]

旺衰强弱四字, 古人皆籠統混用, 不加區別, 故子平眞詮, 有得時不旺, 失時不衰之說. 論理雖精, 初學易致混淆, 茲特分別說明之. 旺衰從時令言, 得時爲旺, 失時爲衰. 强弱從生助言, (印綬爲生, 比刦爲助) 生助多者爲强, 寡者爲弱.

 왕旺·쇠衰·강强·약弱 네 글자는 옛 사람들이 모두 두루뭉술하게 섞어서 사용하고 구별하지 않았기 때문에 『자평진전』에 때를 얻어도 왕旺하지 않고 때를 잃어도 쇠衰하지 않다는 설이 있다. 논리가 치밀할지라도 처음 배우는 사람들이 쉽게 헷갈리니 이에 특히 분별해서 설명한다. 왕旺·쇠衰를 절기[時令]로 말하면, 때를 얻으면 왕旺하고 때를 잃으면 쇠衰하다. 강强·약弱을 생생·조조로 말하면, (인수印綬가 생생이고, 비겁比刦이 조조임) 생생·조조가 많으면 강强이고 적으면 약弱이다.

旺衰專論月令, 强弱併四柱年月日時而言之. 有旺而强者, 日元得時秉令, 而四柱又多生助之神(印刦)是也. 有旺而弱者, 日元雖得時秉令, 而四柱多尅洩之神是也. (官煞食傷) 有衰而强者, 日元雖休囚失時, 而四柱多生助之神是也. 有衰而弱者, 日元休囚失時, 四柱又多尅洩之神是也.

왕旺·쇠衰는 오로지 월령月令으로 논한 것이고, 강强·약弱은 사주의 연年·월月·일日·시時를 모두 합쳐서 말한 것이다. 왕旺하면서 강强한 것은 일원日元이 때를 얻어 월령을 장악했는데, 사주에 또 생生·조助하는 신神 (인印·겁刦)이 많은 것이 여기에 해당한다. 왕旺하면서 약弱한 것은 일원이 때를 얻어 월령을 장악했을지라도 사주에 극剋하고 설洩하는 신神 (관살官煞·식상食傷)이 많은 것이 여기에 해당한다. 쇠衰하면서 강强한 것은 일원이 휴休하고 수囚하여 때를 잃었는데 사주에 생生·조助하는 신神이 많은 것이 여기에 해당한다. 쇠衰하면서 약弱한 것은 휴休하고 수囚하여 때를 잃었는데 사주에 또 극剋하고 설洩하는 신神이 많은 것이 여기에 해당한다.

取用之法, 旺而强者, 喜抑, 衰而弱者, 喜扶, 常道也. 旺而弱者, 必因官煞(或食傷)太多, 其中官煞多者, 宜抑之, 食傷多者, 宜洩之. 蓋日元之秉氣本旺, 因尅洩我之神太多, 被其壓迫, 氣不得舒展, 祗須抑制尅洩之神, 卽入22)中和之道. 若再扶之, 是太過也. 故官煞多者, 宜食傷以制之, 食傷多者, 宜財以洩之. 印雖能引化官煞尅制食傷, 反以生扶日元爲嫌, 非上格也.

용신을 취하는 법은 왕旺하고 강强한 것은 억제를 반기고, 쇠衰하면서 약弱한 것은 부扶를 반기는 것이 일반적인 방법이다. 왕旺하면서 약弱한 것은 반드시 관살官煞(혹은 식상食傷)이 많으니, 그 중에서 관살官煞이 많은 것은 억제해야 하고, 식상食傷이 많은 것은 설洩해야 한다. 일원日元이 기氣를 장악하여 본래 왕旺한데, 나를 극剋하고 설洩하는 신神이 너무 많음으로 압박을 당하여 기氣를 펴지 못하는 것은 극剋하고 설洩하는 신神을 반드시 억제하는 것만이 바로 중화中和로 들어가는 길이다. 거듭 부扶하면 너무 지나치다. 그러므로 관살官煞이 많은 것은 식상食傷으로 제재해야 하고, 식상이 많은 것은 재財로 설洩해야 한다. 인수印綬가 관살을 끌어다가 조화를 시키고 식상食傷을 억제할지라도 도리어 일원日元을 생生하고 부扶하는 혐의가 있으면 상격上格이 아니다.

衰而弱者, 日元休囚, 而又尅洩太多也, 故抑制尅洩之中, 必須兼帶生扶日元. 雙方兼顧, 始爲盡利, 故官煞多者, 必須用印洩官煞之暴, 以生我日元, 食傷多者亦宜用印, 制食傷之洩以生我日元. 才多者, 必用刦制才以助我日元. 否則尅洩我之神, 雖退避三舍, 不爲我害, 而我

---

22) '人'으로 되어 있는 것을 문맥에 따라 '入'으로 수정하였다.

本身氣衰力弱, 不足以運用發展也.

　쇠하면서 약한 것은 일원이 휴휴하고 수수한데다가 또 극제하고 설설하는 것이 너무 많기 때문에 억제하고 극하고 설하는 가운데 반드시 일원을 생생하고 부부하는 것이 있어야 한다. 쌍방을 함께 살펴야 비로소 이로움을 극진하게 하기 때문에 관살官煞이 많은 것은 반드시 인수印綬로 관살의 난폭함을 설설해 나의 일원日元을 생생해야 하고, 식상食傷이 많은 것도 인수를 용신으로 하여 식상이 설하는 것을 제재하여 나의 일원日元을 생하여야 한다. 재재가 많은 것은 반드시 겁재를 용신으로 그것을 제재하여 나의 일원을 조조해야 한다. 그렇게 하지 않으면, 나의 신신을 극하고 설하는 것이 삼사三舍를 멀리하여 나에게 해롭지 않을지라도 나 자신의 기력이 쇠약해져 발전할 수 없다.

　干支强弱之理, 支重而干輕. 支之力實而干之氣浮, 故干必通根於支, 方爲有力, 而支中人元, 又以透出於干, 爲顯其用. 干以支爲根, 長生臨官帝旺, 根之重者也, 墓庫餘氣, 根之輕者也.

　간지干支 강약의 이치는 지지가 무겁고 천간은 가볍다. 지지의 힘은 알차고 천간의 기氣는 떠다니기 때문에 천간은 반드시 지지에 뿌리를 내려야 힘이 있게 되고, 지지 속의 인원은 또 천간에 나와 있어야 그 쓰임을 드러내게 된다. 천간은 지지를 뿌리로 삼으니, 장생長

生・임관臨官・제왕帝旺은 뿌리의 무거운 것이고, 묘고墓庫・여기餘
氣는 뿌리의 가벼운 것이다.

甲乙木見未爲墓庫. 見辰爲餘氣, 戌丑非是, 詳上論五行
節. 火金水以此類推.

갑甲・을乙 목木이 미未를 보면 묘墓・고庫이고, 진辰을 보
면 여기餘氣인데, 술戌・축丑은 이렇지 않으니, 위의 오행을 논
하는 절에서 자세히 설명하였다. 화火・금金・수水도 이렇게 유
추한다.


子平眞詮曰, 天干得一比刦, 不如得一墓庫, 得二比刦, 不如得一餘
氣, 得三比刦, 不如得一長生, 或一臨官帝旺, 比較甚確. 若僅有干之
比刦, 而不通根, 謂之毫無力量可也. 地支之中, 以臨宮帝旺爲最重,
長生次之, 餘氣墓庫又次之.

『자평진전』에서 "천간이 하나의 비겁比刦을 얻어도 하나의 묘고墓
庫를 얻은 것만 못하고, 두 비겁을 얻어도 하나의 여기餘氣를 얻은
것만 못하고, 세 비겁을 얻어도 하나의 장생長生을 얻거나 혹 하나
의 임관臨官・제왕帝旺을 얻은 것만 못하다"라고 하였으니 비교가
아주 확실하다. 겨우 천간에 비겁이 있는데 뿌리를 내리지 못하면
거의 힘이 없다고 해도 된다. 지지 중에서는 임관・제왕이 가장 무겁

고 장생이 다음이고 여기와 묘고가 또 다음이다.

 四柱之中, 月支爲旺衰之樞紐, 名爲月垣, 又名提綱, 關係最重. 次則日時兩支貼近日主, 氣勢密接. 若年支, 則相隔較遠, 關係較輕, 然較之天干, 尤爲重也. 日主如此, 其餘干支, 可以類推.

 사주 중에서는 월지月支가 왕旺·쇠衰의 중요 관건이라, 월의 핵심[月垣]이라고 하고 또 요점[提綱]이라고 하니, 관계가 아주 무겁다. 다음은 일日과 시時의 두 지지가 일주日主에 가까이 붙어 있어 기세가 밀접한 것이다. 연지라면 서로 떨어진 것이 비교적 멀어 관계가 비교적 가벼우나 천간에 비교한다면 더욱 무겁다. 일주가 이와 같으니, 그 나머지 간지는 유추할 수 있다.

 本篇所論, 長生臨官帝旺墓庫餘氣, 均從五行論, 不分陰陽, 甲乙同以亥爲長生, 寅卯爲祿旺, 辰爲餘氣, 未爲墓庫. 蓋陰長生之說, 本屬無稽, 毫無理由, 不足爲旺衰强弱之根據也.

 본편에서 논한 장생·임관·제왕·묘고·여기는 모두 오행에서 논하고, 음과 양을 나누지 않으니, 갑甲과 을乙은 모두 해亥가 장생長生이고, 인寅과 묘卯가 녹祿과 왕旺이며, 진辰이 여기餘氣이고, 미未가 묘고墓庫이다. 음간陰干의 장생에 대한

설은 본래 터무니가 없고 거의 이유가 없으니, 왕旺·쇠衰·강
强·약弱의 근거로 삼기에 부족하다.

更有一語, 附於本篇之末者, 陽干忌衰, 而陰干不畏衰, 斯何以故.
陽干向旺之氣也, 置於衰地, 逆其本性, 非有生助, 不能自存. 陰干向
衰之氣也, 休囚之地, 是其本份, 雖見剋洩, 亦非所懼. 反之陽干喜旺,
而陰干不宜過旺, 是則經驗所得, 足爲互證者也.

또 한 구절이 더 있어 이 편의 끝에 덧붙일 것은 양간陽干은 쇠衰
를 꺼리고 음간陰干은 쇠衰를 두려워하지 않는다는 것이니, 이것은
무엇 때문인가? 양간은 왕성해서 뻗어나가는 기운이라 쇠지衰地에
있으면 그 본성에 어긋나니, 생生하고 조助하지 않으면, 스스로 보
존할 수 없다. 음간은 늙어서 물러나는 기운이라 휴休하고 수囚한
곳이 그 본분이니, 극剋과 설洩을 당해도 두려울 것이 없다. 반대로
양간은 왕旺함을 반기고, 음간은 지나치게 왕旺해서는 안된다. 이것
은 경험에서 얻어지니, 충분히 서로 검증할 수 있는 것이다.

譬如陽干衰弱, 而見官煞多, 必須以印爲用, 更宜行印比
之地. 陰干衰弱, 而見官煞多, 只要原局有印, 卽不妨行制煞
之鄕, 所謂不畏衰弱者以此.

예를 들어 양간이 쇠약한데 관살이 많게 되면, 반드시 인수印

綬로 용신을 삼아야 하고 또 인수와 비겁의 곳으로 흘러가야 한다. 음간이 쇠약한데 관살이 많으면 단지 원국에 인수가 있으면 될 뿐이라 곧 관살을 제재하는 곳으로 흘러가도 무방하니, 이른바 쇠약한 것을 두려워하지 않는 것은 이 때문이다.

# 12. 오행의 생극과 반생극을 논함
## [論五行生尅及反生尅]

　　五行爲春夏秋冬之序, 順序所以相生. 對沖所以相尅. 秋金生冬水, 冬水生春木, 春木生夏火. 夏秋之間, 中隔以土, 由土生金, 所謂土居中央是也. 就一年而統論, 木火爲陽, 金水爲陰. 木者, 火之漸, 金者, 水之漸也. 火金之間. 必須以土間隔. 火旺之時, 同時土旺, 此相生之序也.

　　오행은 봄·여름·가을·겨울의 순서를 차례로 하기 때문에 서로 생生하고, 마주보고 충沖하기 때문에 서로 극尅한다. 가을의 금金은 겨울의 수水를 낳고, 겨울의 수水는 봄의 목木을 낳으며, 봄의 목木은 여름의 화火를 낳는다. 여름과 가을의 사이에는 중간에서 토土가 나누고 있어 토土로 말미암아 금金이 나오니, 이른바 토土가 중앙에 있다는 것이 여기에 해당한다. 1년을 가지고 전체적으로 말하면, 목木과 화火는 양陽이고, 금金과 수水는 음陰이다. 목木은 화火로 점차 나아가는 것이고, 금金은 수水로 점차 나아가는 것이니, 화火와 금金의 사이는 반드시 土가 사이를 나누고 있어야 한다. 화火가 왕旺할 때에는 동시에 토土가 왕하니, 이것이 서로 낳는 순서이다.

金生水　水生木　木生火　火生土　土生金
금생수　수생목　목생화　화생토　토생금

隔位對冲爲相剋, 故故春木秋金相剋, 夏火冬水相剋, 土居中央, 故木與土相剋, 土與水相剋, 此相剋之序也.

자리가 떨어져 마주보며 충하는 것이 서로 극하는 것이기 때문에 봄의 목은 가을의 금을 서로 극하고, 여름의 화는 겨울의 수를 서로 극하며, 토는 중앙에 있기 때문에 목이 토와 서로 극하고, 토가 수와 서로 극하니, 이것이 서로 극하는 순서이다.

金剋木　木剋土　土剋水　水剋火　火剋金
금극목　목극토　토극수　수극화　화극금

更有反生反剋, 爲命理中極重要之根據. 徐大升元理賦云. 金賴土生, 土多金埋土賴火生, 火多土焦, 火賴木生, 木多火塞, 木賴水生, 水多木漂, 水賴金生, 金多水濁. 此反生爲剋也.

또 거꾸로 생하고 거꾸로 극하는 것이 명리에서 가장 중요한 근본이다. 서대승徐大升23)이 「원리부」에서 "금金은 토土의 생함에 의지하지만 토土가 많으면 금金이 묻히고, 토土가 화火의 생함에 의지하지만 화火가 많으면 토土가 타버리며, 화火가 목木의 생함에 의지하지만 목木이 많으면 화火가 빛을 잃으며, 목木이 수의 생함에 의지

---

23) 서대승徐大升: 자字는 자평子平이고 이름은 거이居易이다. 중국의 명리학을 집대성하여 체계화한 인물로 정확한 생몰 연대는 확인되지 않으며 오대五代에서 송宋 초기의 인물로 추정된다. 동해東海, 지금의 강소성江蘇省 동해현東海縣 사람으로 태화太華의 서쪽 당봉동棠峰洞에 은거하였으며, 음양오행에 능통하여 오늘날까지 명리학의 기초로 쓰이는 자평법子平法을 창안하였다. 명리학은 연年·월月·일日·시時의 네 간지干支 곧 사주四柱에 근거하여 사람의 길흉화복을 알아보는 학문으로 사주학四柱學이라고도 한다. 명리학은 춘추전국시대 이후 발달하기 시작하였고, 당唐의 이허중李虛中은 사주에 근거한 명리학 이론의 기초를 정리하였다. 서자평은 사주에 오행의 상생相生·상극相剋 이론을 결합하여 고대 명리학을 집대성하고 이를 더욱 체계적으로 발전시켰다. 그는 잉태한 달을 뜻하는 태원胎元을 포함하여 태胎, 월月, 일日, 시時를 사주로 보았던 전통 명리학과는 달리, 태어난 연年·월月·일日·시時의 네 간지를 사주로 보았다. 그리고 사주의 간지를 나타내는 여덟 글자에 음양오행의 상생·상극을 분석하여 길흉화복을 점치는 현대 명리학의 체계를 세웠다. 오늘날 명리학은 대부분 자평법에 근거하고 있다. 따라서 사주 팔자 명리학을 자평법子平法이나 자평팔자학子平八字學이라고 부르기도 한다. 그는 『낙록자삼명소식부주珞琭子三命消息賦註』, 『옥조신응진경주玉照神應眞經註』, 『통명부通明賦』 등을 저술한 것으로 전해진다. 『낙록자삼명소식부주』는 낙록자珞琭子라는 인물이 지었다는 글에 주석을 단 것으로 청淸 나라 때에 편찬된 『사고전서四庫全書』에 수록되어 전해진다. 『옥조신응진경주』는 동진東晋의 곽박郭璞이 지은 글에 주석을 단 것이다. 한편 남송南宋 시대의 인물로 서공승徐公升, 서대승徐大升이라고도 불리는 서승徐升은 서거이의 자평법을 계승하였으며, 일간日干을 중심으로 생극 관계를 분석하는 육신법六神法의 이론을 체계화하여 발전시켰다. 그는 『삼명연원三命淵源』, 『정진론定眞論』, 『연해淵海』 등을 저술하였는데, 명명 나라 때에 당금지唐錦池가 『연해淵海』와 『연원淵源』을 합하여 『연해자평淵海子平』을 편찬하였다. 『연해자평』은 오늘날에도 자평 명리학의 진수를 담은 최고 고전으로 꼽힌다. 『연해자평』이 서승의 저술을 중심으로 편찬되고, 첸탕錢塘에 거주했던 그를 후대 사람들이 서자평徐子平이라고 불렀다는 기록이 전해지면서 명리학을 집대성한 서자평이 서거이가 아니라 서승을 가리킨다는 학설도 있다. 하지만 『삼명통회三命通會』를 저술한 명명의 만육오萬育吾는 「자평설변子平說辨」이라는 글에서 서거이와 허자虛子, 도홍道洪, 서승으로 이어지는 명리학의 발달 과정을 서술하면서 서거이가 서자평임을 밝히고 있다.

하지만 수水가 많으면 목木이 떠다니고, 수水가 금金의 생함에 의지하지만 금金이 많으면 수水가 탁해진다"라고 하였다. 이것은 도리어 생해주는 것이 극하는 것이 된 것이다.

救之之法, 反我尅以爲生. 金能尅木, 然在土多金埋之局, 得木疏土, 金賴以顯. 土能尅水, 在火多土焦之時, 得水制火, 土賴以潤. 火能尅金, 在木多火塞之時, 得金制木, 火賴以融.

구원하는 법은 도리어 내가 극하는 것으로 생함을 삼는 것이다. 금金이 목木을 극할 수 있으나 토土가 많아 금이 묻히는 형국에서는 목木이 토土를 갈라놓으면, 금金이 그것에 의지해서 드러난다. 토土가 수水를 극할 수 있으나 화火가 많아 토土가 탈 때에 수水를 얻어 화火를 제압하면 토土가 그것에 의지해서 촉촉해진다. 화火가 금金을 극할 수 있으나 목木이 많아 화火가 꺼졌을 때에 금金을 얻어 목木을 제압하면, 화火가 그것에 의지해서 빛을 낸다.

木能尅土, 在水多木漂之時, 得土制水, 木賴以生. 水能制火, 在金多水濁之時, 得火制金, 水賴以淸. 此反尅爲生也.[24]

---

24) 원문에 '此反尅爲生也' 이 구절은 바로 뒤에 이어지는 문장의 앞에 있는데, 문맥상 여기에 있어야 하기 때문에 바로 잡았다.

목木이 토土를 극할 수 있으나 수水가 많아 목木이 떠다닐 때에 토土를 얻어 수水를 제압하면 목木이 그것에 의지해서 살아난다. 수水가 화火를 제압할 수 있으나 금金이 많아 수水가 흐려졌을 때에 화火를 얻어 금金을 제압하면, 수水가 그것에 의지해서 맑아진다. 이것은 극하는 것이 도리어 생하는 것이 된 것이다.

金能生水, 水多金沈, 水能生木, 木盛水縮, 木能生火, 火多木焚, 火能生土, 土多火晦, 土能生金, 金多土虛.

금金이 수水를 생할 수 있으나 수水가 많으면 금金이 가라앉고, 수水가 목木을 생할 수 있으나 목木이 무성하면 수水가 위축되며, 목木이 화火를 생할 수 있으나 화火가 많으면 목木이 타버리고, 화火가 토土를 생할 수 있으나 토土가 많으면 화火가 빛나지 않으며, 토土가 금金을 생할 수 있으나 금金이 많으면 토土가 비어 버린다.

此我生反爲尅我. 所謂子旺母衰是也, 必助其母. 救之之法, 隨五行之性質而有不同, 然不外乎比刦相助, 及取印制子扶母是也. 水多金沈, 專取金爲助, 不取土制. 木盛水縮, 得金制木, 兼可生水. 得水比助亦佳.

이것은 내가 생하는 것이 도리어 나를 극하는 것이다. 이른바 자식이 왕성하여 어미가 쇠약해지는 것이 여기에 해당하는 것으로 반드시 어미를 도와야 한다. 구원하는 법은 오행의 성질을 따라 같지 않은 것은 있으나 비겁이 서로 돕는 것과 인수로 자식을 제재하여 어미를 돕는 것을 벗어나지 않는 것이 여기에 해당한다. 수水가 많아 금金이 가라앉으면 '오로지 금金을 취하여 도움을 받고 토의 제재를 취하지 않는다.'[25) 목木이 무성하여 수水가 위축되면 금金을 얻어 목木을 제재하니, 모두 수水를 생할 수 있는 것이다. 수水인 비겁比刼의 도움도 아름답다.

火多木焚, 用水制火, 兼以生木, 不取木助. 土多火晦, 專取木制土, 兼以生火, 或用金洩土, 不取火助. 金多土虛, 用火制金, 兼以生土. 土助亦佳.

화火가 많아 목木이 타버리면, 수水를 용신으로 하여 화火를 제압하면서 아울러 목木을 생하나 목木의 도움은 취하지 않는다. 토土가 많아 화火가 빛나지 않으면, 오로지 목木이 토土를 제압하는 것을 취하면서 아울러 화火를 생하거나 혹 금金을 용신으로 하여 토土를 누설하고 화火의 도움을 취하지 않는다. 금金이 많아 토土가 비어버리면 화火를 용신으로 금金을 제압하

---

25) 이 구절은 원문에서부터 문제가 있으니, 원문 "專取金爲助, 不取土制."는 "取金制木"으로 수정하고, 번역문 "오로지 금金을 취하여 도움을 받고 토의 제재를 취하지 않는다"는 "토土를 취해 수水를 제재한다"로 수정해야 한다.

면서 아울러 土토를 생한다. 土토의 도움도 아름답다.

上文我生反爲尅我. 更有我生反爲生我者. 如金能生水,
在火旺金鎔之時, 得水制火, 乃能存金. 是金賴水生也. 水能
生木, 在土旺水涸之際, 得木疏土方能存水, 是水賴木生也.
　위에서는 내가 생한 것이 도리어 나를 극하는 것이다. 그런데
다시 내가 생하는 것이 도리어 나를 생하는 것이다. 이를테면
金금이 水수를 생할 수 있는 것은 火화가 왕성함으로 金금이
녹을 때에 水수를 얻어 火화를 제압하는 것이 바로 金금을 보
존할 수 있는 것으로 金금이 水수를 생함에 의지하는 것이다.
水수가 木목을 생할 수 있는 것은 土토가 왕성함으로 水수가
마를 때에 木목을 얻어 土토를 갈라버리는 것이 水수를 보존할
수 있는 것으로 水수가 木목을 생함에 의지하는 것이다.

木能生火, 在天寒地凍之時, 得火融和, 方能生木, 是木賴
火生也. 火能生土, 在水勢滔天之際, 得土制水, 方能存火,
是火賴土生也. 土能生金, 在木旺土虛之時, 得金制木, 方能
存土, 是土賴金生也.
　木목이 火화를 생할 수 있는 것은 하늘과 땅이 차가움으로 얼
어붙었을 때에 火화를 얻어 따뜻하게 하는 것이 木목을 보존할

수 있는 것으로 목木이 화火를 생함에 의지하는 것이다. 화火가 토土를 생할 수 있는 것은 수水의 기세가 하늘에 닿을 때에 토土를 얻어 수水를 제재하는 것이 화火를 보존할 수 있는 것으로 火가 土를 생함에 의지하는 것이다. 토土가 금金을 생할 수 있는 것은 목木이 무성하여 토土가 비어 있을 때에 금金을 얻어 목木을 제압하는 것이 토土를 보존할 수 있는 것으로 토土가 금金을 생함에 의지하는 것이다.

金能尅木, 木堅金缺, 木能尅土, 土重木折, 土能尅水, 水多土蕩, 水能尅火, 火旺水乾, 火能尅金, 金多火熄.

금金이 목木을 극할 수 있으나 목이 견고하면 금이 이지러지고, 목이 토土를 극할 수 있으나 토가 중첩되면 목이 부러지며, 토가 수水를 극할 수 있으나 수가 많으면 토가 휩쓸려가고, 수가 화火를 극할 수 있으나 화가 왕旺하면 수가 마르며, 화가 금을 극할 수 있으나 금이 많으면 화가 꺼진다.

此我尅反爲尅我也, 救之法, 惟有比刼. 如木堅金缺之局, 除金來比助, 無他法也. 餘可類推.

이것은 내가 극하는 것이 도리어 나를 극하는 것으로 구원하는 법은 비겁比刼에만 있다. 목木이 견고하면 금金이 부러지는 형국에서는 금金의 비겁比刼이 와서 돕는 것 외에는 달리 법이 없다. 나머지도 그대로 미루면 된다.

金衰遇火, 必見銷鎔, 火弱逢水, 必爲熄滅, 水弱逢土, 必爲淤塞, 土弱逢木, 必遭傾陷, 木弱逢金, 必遭斫折.

금金이 쇠衰한데 화火를 만나면 반드시 녹아버리고. 화火가 약한데 수水를 만나면 반드시 꺼지며, 수水가 약한데 토土를 만나면 반드시 막히고, 토土가 약한데 목木을 만나면 반드시 함몰하며, 목木이 약한데 금金을 만나면 반드시 꺾인다.

此正生尅也, 救應之法. 金衰遇火, 見土, 則洩火之氣以生金, 金不鎔矣. 火弱逢水, 見木, 洩水之氣以生火, 火不熄矣. 水弱逢土, 見金, 洩土之氣以生水, 水不涸矣. 土弱逢木, 見火, 洩木之氣以生土, 土自實矣. 木弱逢金, 見水, 洩金之氣以生木, 木得榮矣. 如得救應. 可以反尅爲生也.

이것이 생함과 극함을 바르게 하여 구원하는 법이다. 금이 쇠약한 상태에서 화를 만난 경우에는 토를 보면 화의 기운을 누설함으로 금을 생해 금이 녹지 않는다. 화가 약한 상태에서 수를 만난 경우에는 목을 보면 수의 기운을 누설함으로 화를 생해 화가 꺼지지 않는다. 수가 약한 상태에서 토를 만난 경우에는 금

을 보면 토의 기운을 누설함으로 수를 생해 수가 고갈되지 않는
다. 토가 약한 상태에서 목을 만난 경우에는 화를 보면 목의 기
운을 누설함으로 토를 생해 토가 저절로 튼실해진다. 목이 약한
상태에서 금을 만난 경우에는 수를 보면 금의 기운을 누설함으
로 목을 생해 목이 꽃을 피운다. 그러니 구원을 얻으면 도리어
극함이 생함이 된다.

强金得水, 方挫其鋒, 强水得木, 方泄其勢, 强木得火, 方洩其氣,
强火得土, 方止其燄, 强土得金, 方化其頑.

강한 금金이 수水를 얻으면 그 날카로움이 꺾이고, 강한 수水가
목木을 얻으면 그 세력이 세어나가며, 강한 목木이 화火를 얻으면
그 기氣가 누설되고, 강한 화火가 토土를 얻으면 그 불꽃이 그치며,
강한 토土가 금金을 얻으면 그 완고함이 부드러워진다.

强金以得火爲正剋, 然剋之, 不如洩之, 乃以洩爲剋也. 命理
之用, 不外乎生剋救應, 能細心體會, 取用之法, 盡於此矣.

강한 금金은 화火를 얻음으로 바르게 극剋함을 삼지만 극剋
하는 것은 설洩하는 것만 못하니, 설함으로 극함을 삼는다. 명
리의 쓰임은 생함과 극함으로 구원함을 벗어나지 않으니, 세심
하게 체득할 수 있으면 용신을 취하는 법은 여기에서 다한다.

## 13. 팔법을 논함 생·극·제·화·회·합·형·충
## [論八法 生尅制化會合刑冲]

　　五行生尅, 及反生尅之理, 前已言之乃呆法也. 要知陰陽者, 寒暑也, 五行者, 春夏秋冬四時之氣候也. 言氣候, 則生尅之理不顯, 故代之以五行而言. 五行之生尅, 必須從氣候體會之, 方得其眞.

　　오행五行의 생극生尅과 반생극反生尅의 이치는 앞에서 이미 설명했던 것으로 지키고 있는 법이다. 음양陰陽은 추위와 더위이고, 오행은 봄·여름·가을·겨울의 사계의 기후氣候임을 알아야 한다. 기후만 말하면 생극의 이치가 드러나지 않기 때문에 오행으로 대신해서 말했던 것이다. 그러니 오행의 생극은 반드시 기후로 체득해야 그 진수를 알 수 있다.

　　我國陰陽五行之說, 方爲世俗所姤病, 目爲迷信. 若知爲氣候之代名詞, 當亦啞然失笑. 要知不但命理所根據者爲寒暑氣候, 我國醫理重氣化, 以陰陽五行爲根據, 亦是寒暑氣候.
　중국의 음양오행설은 세상에서 싫어해서 미신으로 여기고 있다. (그런데 그것이) 기후의 대명사라는 것을 안다면 어안이 벙벙해서 쓴웃음을 지을 것이다. 명리에서 근거로 하는 것이 추위와 더위의 기후일 뿐만 아니라 중국의 의학 이론에서 중요한 기의 변화가 음양오행을 근거로 하고 있는 것도 추위와 더위의 기후임을 알아야 한다.

　易經一書, 爲我國學術之源泉, 儒家道家所自出, 亦無非闡明此理而已. 我人日常生活於大氣之中, 不識不知, 順帝之則 帝, 主也. 四時各有所主, 爲天行自然之規則也. 幷非指上帝焉. 甯不可晒. 易經闡明其理, 乃我國最高之哲學, 謂包括一切自然科學, 無不可也.
　『역경』은 중국 학술의 원천으로 유가와 도가가 출발하게 된 근원이어서 그들도 이 이치를 천명하고 있다. 우리는 큰 기운 속에서 늘 생활하면서 알지 못하는 가운데 제帝의 법칙을 제帝는 주재임. 사시가 각기 주재하는 것이 있는 것은 하늘이 저절로 그렇게 되도록 행하는 규칙이지 결코 상제를 가리키는 것이 아님. 따르고 있다. 『역경』에서 그 이치를 천명했으니, 그야말로 중국 최고의 철학이고, 모든 자연과학을 포괄한다고 해도 안될 것이 없다.

譬如金能生水, 而秋冬寒燥之金, 不能生水也, 必須得火, 煖氣上騰, 見寒化爲濕潤. 此金水傷官, 所以喜見官也. 春夏之金, 不以此論, 氣候本暖故也. 水能生木, 而冬木必須得火, 方有生意, 氣候太寒故也. 夏木非此論, 木能生火, 而夏木見火, 反而焚木, 必須見水, 根得水潤, 反爲木火通明.

예를 들어 금金이 수水를 생할 수 있으나 가을과 겨울의 차갑고 메마른 금金은 수水를 생할 수 없어 반드시 화火를 얻어 따뜻한 기운이 위로 올라가야 차가운 것이 촉촉하게 젖게 되는 것이다. 이것이 금金 일간에 수水 상관이 관官을 반기는 까닭이다. 봄과 여름의 금金은 이렇게 논하지 않으니, 기후가 본래 따뜻하기 때문이다. 수水가 목木을 생할 수 있으나 겨울의 목木은 반드시 화火를 얻어야 생기가 있으니, 기후가 너무 차갑기 때문이다. 여름의 목木을 이렇게 설명하지 않는 것은 목木이 화火를 생할 수 있는데 여름의 목木이 화火를 보면 도리어 목木을 태우니, 반드시 수水를 만나 뿌리가 수水로 젖으면 도리어 목화통명木火通明이 된다.

火能生土, 而生於季月, 土重晦光, (未月尤甚) 必須得木與金, 方能回復其光輝. 土能生金, 而夏月火炎, 土燥反而鎔, 金必須得水潤澤, 金始得生. 此皆隨氣候, 而發生之變化也.

화火가 토土를 생할 수 있으나 '계절의 끝 달[季月]'에 태어나면 토가 중첩되어 빛을 가리니, (미월未月이 특히 심함) 반드시 목木과 금金을 얻어야 그 빛을 회복할 수 있다. 토土가 금金을 생할 수 있으나 여름[夏月]에는 불길로 토가 바싹 말라 도리어 녹아버리니, 금金이 반드시 수水를 얻어 윤택하게 되어야 금金이 나올 수 있다. 이것들은 모두 기후를 따라 생기는 변화이다.

生剋之理, 由氣候體會之, 變化無端, (一切特別格局, 用之有驗者, 必合於氣侯之理也.) 上述云云, 不足以盡其十一, 特使學者知此原理, 不爲五行生剋之說所拘而已. 蓋談命理, 不能離生剋, 而生剋之說, 實不足以盡氣候之變化也.

생극生剋의 이치를 기후로 말미암아 체득하면 변화가 끝이 없어 (모든 특별한 격국에 이렇게 해도 증험이 있는 것은 반드시 기후의 이치에 부합되기 때문임) 앞에서 기술한 정도로는 그 1/10을 다하기도 부족하니, 오직 배우는 자들이 오행의 생극의 설에 얽매이지 않게 할뿐이다. 명리를 설명하면 생극을 벗어날 수 없는데도 생극의 설로는 실로 기후의 변화를 모두 설명할 수 없다.

五行生剋之理, 有陰陽之不同. 陽干者, 向旺之氣也, 陰干者, 向衰之氣也. 陽見陽陰見陰則剋. 如甲見戊, 丙見庚, 戊見壬, 庚見甲, 壬見丙, 爲陽見陽之剋, 乙見己, 丁見辛, 己見癸, 辛見乙, 癸見丁, 爲陰見陰之剋, 是也.

오행五行에서 생극生剋의 이치는 陰陽과 다른 점이 있다. 양간陽干은 뻗어나가는 기운이고, 음간陰干은 늙어서 물러나는 기운이다. 양陽이 양陽을 보고 음陰이 음陰을 보면 극剋한다. 이를테면 갑甲이 무戊를, 병丙이 경庚을, 무戊가 임壬을, 경庚이 갑甲을, 임壬이 병丙을 만나 양陽이 양陽의 극剋을 당하는 것과, 을乙이 기己를, 정丁이 신辛을, 기己가 계癸를, 신辛이 을乙을, 계癸가 정丁을 만나 음陰이 음陰의 극剋을 당하는 것이 여기에 해당한다.

陽見陰則合. 如甲見己, 丙見辛, 戊見癸, 庚見乙, 壬見丁. 雖合而不失其爲剋, 雖剋而不盡剋之用, 爲有情之剋. 乙見戊, 丁見庚, 己見壬, 辛見甲, 癸見丙, 雖有剋之意, 而無剋之力, 爲無力之剋.

양간陽干이 음간陰干을 보면 합합한다. 이를테면 갑甲이 기己를, 병丙이 신辛을, 경庚이 을乙을, 임壬이 정丁을 보는 것은 합합을 할지라도 극剋하는 것을 잃지 않고, 극剋을 하더라도 극剋의 작용을 다하지 않아 정情이 있는 극剋이다. 을乙이 무戊를, 정丁이 경庚을, 기己가 임壬을, 신辛이 갑甲을, 계癸가 병丙을 보는 것은 극剋하는 마음이 있을지라도 극剋하는 힘이 없어 힘이 없는 극剋이다.

甲見己相合, 如堅木植於濕泥之中, 非不剋也. 但與甲木見戊土, 堅遇堅之剋, 粉碎消鎔, 有不同耳. 剋者財也, 我所制也, 六親比類, 如妻妾侍奉之人, 以及財帛, 正以雖爲我所制, 而有情也. 若陽遇陽陰遇陰, 則雖爲我所制, 而不爲我所用, 六親比類爲偏才, 以其無情也.

갑甲이 기己를 만나 서로 합하는 것은 단단한 나무가 축축한 땅에 심겨지는 것으로 극하지 않는 것이 아니다. 다만 갑목甲木이 무토戊土를 만나 단단한 것이 단단한 것의 극을 당해 부서지고 녹아버리는 것과 같지 않을 뿐이다. 극하는 것은 재財로 내가 제압하는 것이니, 육친六親의 비유로는 이를테면 나를 받드는 처첩과 재물·비단은 바로 내가 제재하는 것일지라도 정情이 있는 것이다. 양陽이 양陽을 만나고 음陰이 음陰을 만나면 내가 제재하는 것일지라도 나에게 쓰이지 않는 것이니, 육친의 비유로는 편재偏才여서 정이 없는 것이다.

甲見己合生於季月, 支聚辰戌丑未, 干見丙丁則化土. 丙見辛合生於亥子月, 支成申子辰水局, 或全亥子丑北方, 干見金水則化水. 戊與癸合生於巳午月, 支成寅午戌火局, 或全巳午未南方, 干見丙丁則化火. 庚見乙合生於申酉月, 支成巳酉丑金局, 或全申酉戌西方, 干見庚辛則化金. 壬見丁合生於寅卯月, 支成亥卯未木局, 或全寅卯辰東方, 干見甲乙則化木.

갑甲이 기己를 만나 합하는 것은 '계절의 끝 달[季月]'에 태어나고, 지지에 진辰·술戌·축丑·미未가 모였는데, 천간에서 병丙·정丁을 만나면 토土로 변화한다. 병丙이 신辛을 만나 합하는 것은 해亥·자子월에 태어나고, 지지에 신申·자子·진辰 수국水局을 이루거나 혹 해亥·자子·축丑 북방을 온전히 하였는데, 천간에서 금金·수水를 만나면 수水로 변화한다. 무戊가 계癸와 합하는 것은 사巳·오午월에 태어나고, 지지에 인寅·오午·술戌 화국火局을 이루거나 혹 사巳·오午·미未 남방을 온전히 하였는데, 천간에서 병丙·정丁을 만나면 화火로 변화한다. 경庚이 을乙을 만나 합하는 것은 신申·유酉월에서 태어나고, 지지에 사巳·유酉·축丑 금국金局을 이루거나 혹 신申·유酉·술戌 서방을 온전히 하였는데, 천간에서 경庚·신辛을 만나면 금金으로 변화한다. 임壬이 정丁을 만나 합하는 것은 인寅·묘卯월에 태어나고, 지지에서 해亥·묘卯·미未 목국木局을 이루거나 혹 인寅·묘卯·진辰 동방을 온전히 하였는데, 천간에서 갑甲·을乙을 만나면 목木으로 변화한다.

合於上列條件, 名爲化氣. 若甲與己合, 而生於寅卯月, 支成木局, 或東方, 則從木. 己爲日元, 卽是從格. 丙辛化水, 生於巳午月, 支成火局或南方, 則從火. 丙爲日元, 爲炎上格, 辛爲日元, 爲從格. 戊癸乙庚丁壬, 倣此類推, 詳下體用之變節.

앞에서 열거한 조건에 합하는 것을 '변화한 기[化氣]'라고 한다. 갑甲과 기己가 합하였으나 인寅·묘卯월에 태어나고 지지에 목국木局이나 혹 동방을 이루었다면 목木을 따른다. 기己가 일원日元이면 곧 종격從格임. 병丙과 신辛이 수水로 변화하나 사巳·오午월에 태어나고 지지에 화국火局이나 혹 남방을 이루었다면 화火를 따른다. 병丙이 일원日元이면 염상격炎上格이고, 신辛이 일원日元이면 종격從格임. 무戊와 계癸, 을乙과 경庚, 정丁과 임壬은 이와 같이 그대로 미루니, 아래의 몸체와 용신으로 절을 바꾸어 자세히 설명하겠다.


陰見陽, 爲無力之尅, 然有利其無力, 以成貴格者. 如庚金見丙, 則銷鎔, 見丁則煆煉, 以成器, 利用其無力也. 壬見戊爲隄防, 見己土, 名爲泥沙同流, 蓋己土不足以尅壬, 反而濁壬也, 然拾月之火, 宜甲木生之. 亥宮壬水得祿. 甲木長生, 濕木不能生火, 利用己土混壬, 培植甲木以生火. 以成絶處逢生之格, 窮通寶鑑, 有己土混壬格. 利用其無力也.

음陰이 양陽을 만나면 힘없는 극尅이지만 그 힘이 없는 것이 이로워 귀격貴格이 되는 경우가 있다. 이를테면 경금庚金이 병

丙을 만나면 녹아버리나, 정丁을 만나면 단련되어 그릇이 되는 것이니, 힘없는 것이 이롭게 사용하였기 때문이다. 임壬이 무戊를 만나면 제방이 되나 기토己土를 만나면 진흙과 모래가 함께 휩쓸려 흘러가니, 기토己土로는 임壬을 극하기에 부족해서 도리어 임壬을 혼탁하게 하나 10월의 화火는 갑목甲木이 나오는 데에 마땅하다. 해궁亥宮에서는 임수壬水가 녹祿을 얻고 갑목甲木이 장생함으로 축축한 나무가 화火를 생할 수 없으나 기토己土가 임수壬水를 혼탁하게 해 갑목甲木을 가꾸고 화火를 생하는 데에 이롭게 사용됨으로 '절처絶處에서 생生을 만난 격[絶處逢生之格]'이 『궁통보감』에 기토혼임격己土混壬格이 있음. 되니, 힘없는 것이 이롭게 사용되었기 때문이다.

五行之中, 水火爲主, 卽陰陽也, 故丙壬皆不可剋. 壬見戊, 如岸崚隄高, 防其泛濫, 丙見壬, 如日照江湖, 相映成輝, 皆非相尅也. 特丙見壬水, 炎炎之氣自戄耳.

　오행 중에서 수水와 화火가 근본 곧 음陰과 양陽이기 때문에 병丙과 임壬은 모두 극할 수 없다. 임壬이 무戊를 만나면 언덕과 제방이 험하고 높아 그 범람을 막는 것과 같고, 병丙이 임壬을 만나면 해가 강과 호수에 비춰 서로 빛나며 찬란한 것과 같으니, 모두 서로 극尅하는 것이 아니다. 다만 병丙이 임수壬水

를 보면 활활 타오르는 기운이 저절로 두려워하는 것일 뿐이다.

制卽是剋, 化卽是洩. (引化其氣) 日主戊土, 見甲木來剋, 取庚制甲, 是謂之制. 日主戊土, 見甲來剋, 取丙洩甲, 是名爲化. (剋我者, 煞也. 丙火能洩甲木, 以生戊土, 化剋爲生, 故名之爲化也)

'제압하는 것[制]'은 바로 극剋하는 것이고, '변화시키는 것[化]'은 설洩하는 것이다. (그 기를 끌어당겨 변화시키는 것임) 일주가 무토戊土인데 갑목甲木이 와서 극剋하는 것을 당해 경庚으로 제압하면, 이것이 제압하는 것이다. 일주가 무토戊土인데 갑甲이 와서 극剋하는 것을 당해 병丙으로 갑甲을 설洩하면, 이것이 변화시키는 것이다. (나를 극하는 것은 살煞이다. 병화丙火가 갑목甲木을 설洩함으로 무토戊土를 생할 수 있다면, 극剋을 변화시켜 생하게 한 것이기 때문에 변화시키는 것이라고 함)

有見剋而不以剋論, 見合而不以合論者, 必有制化之神, 同出天干也. 如壬丙並透, 壬水剋丙火也, 有戊出干, 則壬被戊制, 而不能剋丙. 壬丙並透, 有甲木同出天干, 則壬水之氣, 洩於木, 水爲木所化, 而反生火, 此剋而不以剋論也.

극을 당해도 극으로 논하지 않고 합을 당해도 합으로 논하지 않는 것은 반드시 제압하고 변화시키는 신神이 함께 천간에서 나와 있기 때문이다. 임壬과 병丙이 함께 투출되어 임수壬水가 병화丙火를 극하는데, 무戊가 천간에 있으면 임壬이 무戊에게 제압을 당해 병丙을 극할 수 없다. 임壬과 병丙이 나란히 투출되었는데, 갑목甲木이 함께 천간에 있어 임수壬水의 기氣가 목木으로 누설되면, 수水가 목木에 의해 변화되어 도리어 화火를 생한 것이니, 이런 것은 극剋인데도 극剋으로 논하지 않는다.

甲己相合, 中隔庚金, 則甲被庚制, 而不合己. 甲與己合, 中間丙丁, 則甲木爲火所化, 而不合己, 此合而不以合論也.

갑甲과 기己가 서로 합하는데 중간에 경금庚金이 가로막고 있으면, 갑甲이 경庚에게 제압을 당해 합하지 못한다. 갑甲과 기己가 합하는데 중간에 병丙이나 정丁이 끼어 있으면 갑목이 화에 의해 변화되어 합하지 않으니, 이런 것은 합인데도 합으로 논하지 않는다.

甲己相合, 有制化之神, 間於其中, 則不能合. 壬丙相剋, 戊土不必間於其中. 只要出干, 壬水之氣, 卽爲其所懾, 而不能剋丙, 此不同之點也.

갑甲과 기己가 서로 합하는데 제압하고 변화시키는 신神이 가운데 끼어 있으면 합할 수 없다. 임壬과 병丙이 서로 극함에 무토戊土가 굳이 그 가운데 끼어 있을 필요는 없다. 단지 천간에 나와 있기만 해도 임수壬水의 기氣가 곧 그것 때문에 두려워서 병丙을 극할 수 없으니, 이런 것이 같지 않은 점이다.

 會合刑沖, 皆支之用, 然會局與六合不同, 會局重, 而六合輕. 六合如有間隔卽不以合論. 譬如寅亥相合, 若寅亥之間, 有別支間隔, 卽不能合, 惟同爲甲乙木之根而已.

 회會·합合·형刑·충沖은 모두 지지의 쓰임이지만 회국會局과 육합六合은 같지 않으니, 회국은 무겁고 육합은 가볍다. 육합에 간격이 있으면 곧 합으로 논하지 않는다. 예를 든다면 인寅과 해亥가 서로 합하는데, 이것들 사이에 다른 지지가 끼어 있다면 곧 합할 수 없어 단지 똑같이 갑을목甲乙木의 뿌리가 될 뿐이다.

 若會局, 則不因間隔而有所阻. 雖寅在年, 而午在時, 依然有會局之用. 會局而得月令之氣, 則更旺, 如午月得寅戌時, 其力倍增. 蓋會局之用, 在於氣同進退, 不因間隔, 而失其效用也.

 회국會局이라면 간격 때문에 방해받지 않는다. 인寅이 연년에 오午가 시時에 있을지라도 여전히 회국의 작용이 있다. 회국인데 월령의 기氣를 얻으면 더욱 왕旺하니, 오午월이 인寅이나 술戌시를 얻는다면 그 힘이 배로 증가된다. 회국의 작용은 기氣가 동일하게 나아가고 물러나는 데 있어 간격이 있다고 그 효용을 잃지는 않는다.

刑者, 滿招損也, 沖者, 地支相尅也. (詳上刑沖節) 刑與破相幷, 卽是四沖, 故刑破與沖之用同, 言沖而刑破之用在其中矣.

형刑은 가득 차서 손해를 부르는 것이고, 충沖은 지지가 서로 극하는 것이다. (앞의 형刑과 충沖의 절에서 자세히 설명하였음) 형刑과 파破는 서로 함께 하는 것이 곧 사충四沖이기 때문에 형刑·파破와 충沖의 작용이 같고, 충沖을 말하면 형刑·파破의 작용은 그 속에 있다.

四沖者. (一) 寅申巳亥, 名生地之沖. 譬如寅與申沖, 金尅木也, 然寅中之火, 未嘗不能尅金, 申中之水, 能尅火, 而寅中之戊, 亦能尅水, 故寅申之沖, 氣不和協, 敵視而並存. 但寅申巳亥, 乃五行之生地, 亦是五行之祿地, 互相沖尅, 勢必動搖, 敵視並存, 兩受其損.

사충四沖이란? (1) 인寅·신申·사巳·해亥는 생지生地의 충이라고 한다. 예를 들면 인寅과 신申이 충하는 것은 금金이 목木을 극하는 것인데, 인寅 속의 화火가 금金을 극하지 않을 수 없고, 신申 속의 수水가 화火를 극할 수 있으며, 인寅 속의 무戊도 수水를 극할 수 있기 때문에 인寅·신申의 충은 기氣가 조화롭게 협력하지 않고 적대시하며 함께 있는 것이다. 다만 인寅·신申·사巳·해亥는 바로 오행의 생지生地이면서 또한 오행의 녹지祿地여서 서로 충沖·극剋하면 기세가 반드시 동요하고, 적대시하면서 함께 함께 있으면 양쪽이 손해를 당하는 것이다.

(二) 子午卯酉, 名敗地之冲. (子午卯酉, 爲五行沐浴之地, 又名敗地) 如子午冲, 水尅火也, 卯酉冲, 金尅木也, 如無天干引動, 別支會合, 則被冲而去, 其冲之爲喜爲忌, 無迴護之情也.

(2) 자子·오午·묘卯·유酉는 패지敗地의 충冲이라고 한다. (자子·오午·묘卯·유酉는 오행의 목욕지沐浴地여서 또 패지敗地라고 함) 이를테면 자子·오午의 충은 수水가 화火를 극하는 것이고, 묘卯·유酉의 충은 금金이 목木을 극하는 것이라, 천간에서 끌어당겨 움직이는 것이 없는데 별도로 지지에서 회합會合하면 충을 당해 제거되니, 그 충을 반기든 꺼리든 둘러싸고 보호하는 마음이 없기 때문이다.

(三) 辰戌丑未, 名庫地之冲, 又名朋冲. 四庫, 皆土也, 如用在墓氣之神, 或餘氣之神, 則有被尅之虞. 譬如用戌中之火, 墓神也, 見辰冲爲忌, 用戌中之金, 見辰冲, 不能尅也.

(3) 진辰·술戌·축丑·미未는 고지庫地의 충冲이라고 하고 또 붕충朋冲이라고 한다. 사고四庫는 모두 토土이기 때문에 쓰임이 묘기墓氣인 신神에 있고 여기餘氣인 신神에 있다면, 극을 당할 우려가 있다. 예를 들어 술戌 속의 화火를 쓴다면 묘신墓神이라 진辰의 충을 당하는 것을 꺼리는데, 술戌 속의 금金을 쓴다면 진辰의 충을 당해도 극이 될 수 없다.

用未中之火, 餘氣也, 見丑沖爲忌, 用未中之木墓神也, 丑沖亦爲忌, 因丑中有水與金也. 若用在土, 則土與土沖, 名爲朋沖, 有因沖而發, 無被尅而去也. 古人所謂墓庫喜沖者, 殆以此耳.

미未 속의 화火는 여기餘氣라 축丑의 충을 당하는 것을 꺼리고, 미未 속의 목木은 묘신墓神이라 축丑의 충을 당하는 것을 또한 꺼리니, 축丑 속에 수水와 금金이 있기 때문이다. 쓰임이 토土에 있다면, 토土와 토土의 충으로 붕충朋沖이라고 하니, 충 때문에 발發함이 있고 극을 당해 사라짐이 없는 것이다. 옛 사람들이 이른바 묘고墓庫에서 충을 반긴다는 것은 거의 이 때문이다.

三命通會云, 子以辰申爲眷屬, 酉以巳丑爲同道, 午以寅戌爲交柯, 卯以亥未爲連枝, 氣誼相投, 互相聯係. 若子午卯酉駢立, 則各親其親, 氣勢散漫. 入格者, 爲四極, 有包括宇宙之象, 增其貴盛之力, 不入格, 則一盤散沙, 不相聯結. 見之於事, 亦必易盛易衰, 故無取也. 寅申巳亥辰戌丑未準此.

『삼명통회』에서 "자子는 진辰·신申을 식구로 여기고, 유酉는 사巳·축丑을 길을 같이 하는 것으로 여기며, 오午는 인寅·술戌을 함께 하는 가지로 여기고, 묘卯는 해亥·미未를 형제로 여기니, 동지가 의기투합해서 서로 맺어진 것이다"라고 하였다. 자子·오午·묘卯·유酉가 나란히 서 있으면 각기 친한 것들끼리 친하여 기세가 산만한다. 격격에 들어간 것은 사극四極으로 우주의 상을 포괄하여 귀하고 성대한 힘을 증대시키고, 격격에 들어가지 않은 것은 한 접시에 흩어진 모래처럼 서로 연결되지 않는다. 일에서 보면 또한 반드시 쉽게 성대해지는 것은 쉽게 쇠퇴하기 때문에 취함이 없다. 인寅·신申·사巳·해亥·진辰·술戌·축丑·미未는 이와 같다.

會合二者, 以會爲重, 刑沖二者, 以沖爲重, 故合不能解沖, 而沖可以解合, 沖不能解會局, 而會局可以解沖. 譬如寅亥合見申沖, 只論其沖不論其合. (寅申巳亥四沖, 不作兩合論) 巳酉會局見亥沖, 只論其會, 不論其沖. 子平眞詮, 會合刑沖解法, 可以參觀.

회會와 합合 두 가지에서는 회會가 무겁고, 형刑과 충沖 두 가지에서는 충沖이 무겁기 때문에 합으로는 충을 풀 수 없고, 충으로는 합을 풀 수 있으며, 충으로는 회국을 풀 수 없고, 회국으로는 충을 풀 수 있다. 예를 들어 해亥·인寅 합이 신申의 충을 당하면 충만 논하고 합은 논하지 않는다. (인寅·신申·사巳·해亥의 사충四冲은 합까지 양쪽으로 논하지 않음) 사巳·유酉 회국會局이 해亥의 충을 당하면 회국만 논하고 충은 논하지 않는다.『자평진전』에서 회會·합合과 형刑·충沖의 해법을 대조해서 살펴봐야 한다.

會局者, 氣同進退也. 譬如寅見申沖, 金尅木也, 而寅午戌會局, 火之力倍增, 足以制金, 使不尅木. 特木之氣, 亦洩於火耳. 申見寅沖, 火尅金也. 而申子辰會局, 水之力倍增, 足以制火, 使不尅金. 特金之氣, 亦洩於水耳.

회국會局은 기가 동일하게 나아가고 물러가는 것이다. 예를 들어 인寅이 신申의 충을 당해 금金이 목木을 극했는데, 인寅·오午·술戌 회국이라면 화火의 힘이 배로 늘어남으로 금金을 제압해서 목을 극하지 못하게 하기에 충분하다. 단지 목木의 기氣가 또한 화火로 누설되었을 뿐이다. 신申이 인寅의 충을 당해 화火가 금金을 극했는데, 신申·자子·진辰 회국이라면 수水의 힘이 배로 늘어남으로 화火를 제압해 금金을 극하지 못하게 하기에 충분하다. 단지 금金의 기운도 수水로 누설되었을 뿐이다.

巳見亥沖, 水尅火也, 而巳酉丑會局, 金之力倍增, 火不能尅. 亥見巳沖, 土尅水也, 而亥卯未會局, 木之力倍增, 反尅土矣. 巳中之土, 焉能尅水乎. 故只論其會, 不論其沖也.

사巳가 해亥의 충을 당해 수水가 화火를 극했는데, 사巳·유酉·축丑 회국이라면 금金의 힘이 배로 늘어나 화火를 극할 수 없다. 해亥가 사巳의 충을 당해 토土가 수水를 극했는데, 해亥·묘卯·미未 회국이라면 목木의 힘이 배로 늘어나 도리어 토土를 극하니, 어떻게 수水를 극할 수 있겠는가? 그러므로 회會를 논하고 충沖을 논하지 않는다.

六合之義, 各個不同. 如午未合見子, 則未能害子而不沖. (未土尅子水也) 子丑合見午, 則火能生土而不沖. 寅亥合見申, 或巳申合見亥, 則義同三刑, 豈能解沖. 辰酉合見戌, 則土能生金, 卯戌合見酉, 則金依然尅木, 故只論其沖可也. 子平眞詮, 會合刑沖解法, 初學入門, 可參觀之, 勿拘執可也.

육합六合의 의미는 각기 같지 않다. 오午·미未합에 자子를 보면, 미未가 자子를 해害해 충沖할 수는 없다. (미토未土가 자수子水를 극함) 자子·축丑합에 오午를 보면, 화火가 토土를 생해 충할 수 없다. 해亥·인寅합에 신申을 보거나 혹 사巳·신申합에 해亥를 보면, 의미가 같아 삼형이니, 어떻게 충을 풀 수 있겠는가? 진辰·유酉합에 술戌을 보면, 토土가 금金을 생할 수 있고, 묘卯·술戌합에 유酉를 보면, 금金이 의연히 목木을 극하기 때문에 단지 그 충만 논할 수 있다. 『자평진전』에서 회會·합合과 형刑·충沖의 해법은 처음 배우기 시작할 때 대조해서 살펴봐야 하나 얽매이지 말아야 한다.

至於兩寅不沖申, 兩子不沖午, 謬論也. 沖者, 尅也, 天干七位爲尅, 地支七位爲沖. 譬如庚見兩甲, 能不尅乎, 丁見兩癸, 能不被尅乎. 此遁詞不足辯也.

두 개의 인寅은 신申을 충하지 않고, 두 개의 자子는 오를 충하지 않는다는 설명은 황당한 것이다. 충冲은 극剋으로 천간은 일곱째 자리가 극이고 지지는 일곱째 자리가 충이다. 예를 들어 경庚이 두 개의 갑甲을 보면 극할 수 없고, 정丁이 두 개의 계癸를 보면 극을 당하지 않을 수 있겠는가? 이렇게 꾸며대는 말은 따져볼 필요도 없다.

子平粹言

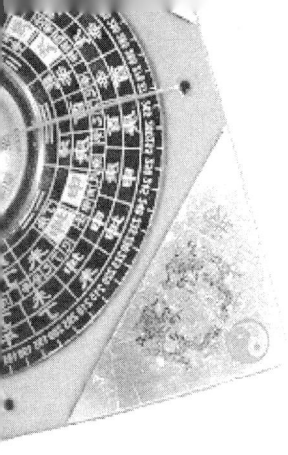

# 子平粹言 제1권

**초판 1쇄 인쇄** _ 2015년 9월 16일
**초판 2쇄 발행** _ 2020년 9월 21일

**지은이** _ 서락오
**옮긴이** _ 김학목 | 이진훈 | 김규승 | 오청식
**펴낸이** _ 김규승
**펴낸곳** _ 도서출판 **어은**
**주　소** _ 서울특별시 강남구 도곡동 대림 아크로텔 c동 2911호
**전　화** _ 010-9304-9692
**전자우편** _ pommard1515@naver.com
**등록번호** _ 제2015-000130호(2015.2.16)

**디자인** _ 박상헌
**표　지** _ 미가디자인 박종숙

**ISBN** _ 979-11-955408-0-8 (94180)
　　　　979-11-955408-1-5 (세트)

**정　가** _ 18,000원

* 저자와의 협약에 의해서 인지를 생략합니다.
* 이 책은 도서출판 어은이 저작권자와의 계약에 따라 발행한
  것이므로 허락 없이 어떠한 형태나 수단으로 복제할 수 없습니다.
* 파본이나 잘못 인쇄된 책은 구입하신 서점에서 교환해드립니다.

子平粹言